KB235481

CEO, 모택동의
네트워크 비즈니스 리더십

Network Business Leadership

「ネットワーク・ビジネス」は毛澤東に學べ
岩中祥史
NETWORK BUSINESS WA MOTAKTOU NI MANABE
by IWANAKA YOSHIFURMI
Copyright ⓒ 1999 IWANAKA YOSHIFURMI
Original Japanese edition published in Japan by HAMANO PUBLISHING CO.,

Korean translation rights by IMAGEBOOK PUBLISHING CO., Korea
arranged with HAMANO PUBLISHING CO., Japan
through BESTUN KOREA Agency
All rights reserved.

이와나카 요시후미 지음 / 김욱송 옮김

Network
Business
Leadership

이미지북

제3장 교육 : 끊임없이 학습하고 교육하라 ——————73

최근 1, 2년 사이에 '네트워크 비즈니스'가 빠른 속도와 놀라운 성장세로 확산되고 있다. 1997년 후반부터 네트워크 비즈니스에 대한 관심을 가지는 사람이 많아졌다는 사실이 이를 뒷받침해주고 있다.

이것은 물론 네트워크 비즈니스 시대의 필연성 때문일 수도 있겠지만, 그보다는 미국의 많은 네트워크 비즈니스 회사가 국내에 새롭게 상륙했다는 점을 최대의 원인으로 꼽을 수 있다.

하지만 네트워크 비즈니스가 빠르게 확산되고 있는 만큼 거기에는 어느 정도의 위험 부담도 따르게 된다. 다시 말해서 네트워크 비즈니스가 지닌 숙명적이라고 할 수 있는 본질 즉, 짧은 기간에 큰 돈을 벌 수 있다는 측면만을 강조한 모집(recruit) 활동이 바로 그것이다.

이러한 활동은 주재하고 있는 회사의 대부분이 미국에 본사를 두고 있다는 점이 이른바 아메리칸 드림과 맞물리면서 한층 현실성을 더해주고 있는 것이 사실이다. 그러나 필자는 이와 같은 사실에 대해 줄곧 반대 입장을 보여 왔다. 그것은 네트워크 비즈니스만큼 인내와 끈기를 요구하는 비즈니스는 없기 때문이다.

물론 이론상으로는 네트워크 비즈니스를 통해 '짧은 기간에 큰 돈을 버는' 일은 가능하다. 그렇기 때문에 네트워크 비즈니스를 권유하는 대부분의 사람들이 그 점을 중점적으로 강조하고 있다.

실제로 짧은 기간에 큰 돈을 벌 수 있다는 말만 믿고 네트워크 비즈니스를 시작하는 사람이 적지 않다. 특히 젊은이들에게서 그러한 경향은 두드러지게 나타난다.

그 결과 어떻게 팔겠다는 비즈니스 전략과 판매할 사람에 대한 확실한 목표도 세우지 않은 마케팅 전략 부재 상태에서 무턱대고 많은 제품을 사들인 다음 판매할 곳이 없어 어찌할 바를 몰라 발을 동동 구르는 사람도 많은 것이 사실이다.

또 다른 중요한 사실은, 새로운 디스트리뷰터(distributor)를 비즈니스에 끌어들인 이후에는 조직을 관리하지 않고 무방비 상태로 방치해두는 리더가 많다는 점이다.

그 리더 가운데는 전화로 권유하고 계약서에 사인하도록 한 후 비즈니스를 시작하도록 한 다음, 반년이 지나도록 소개했던 상대의 얼굴조차 모르는 경우도 많이 있다.

필자의 저서 『네트워크 비즈니스의 승리 방정식』에서도 설 곳을 잃은 디스트리뷰터에 대해 다룬 바 있지만, 이러한 비효율적인 조직 관리로 인해 전혀 비즈니스 활동을 하지 않는 재기 불능 디스트리뷰터의 수는 예상 외로 많다.

그 비율이 100%라고 볼 수는 없지만, 네트워크 비즈니스에 종사하는 사람의 90% 가량이 비즈니스를 할 수 없는 재기 불능 상태가 되어버린다는 것은 아무리 생각해도 리더들의 조직 관리에 문제가 있는 것이다. 이것은 전적으로 비즈니스를 권유한 리더의 태만 때문에 생기는 것이다.

늘 강조하지만 네트워크 비즈니스의 기본은 팀플레이다. 좀더 구체적으로 말하면 인간의 마음과 마음이 통하는 것이 바로 네트워크 비즈니스로, 많은 사람의 마음이 같은 방향을 향해 활동하는 것을 의미한다. 따라서 네트워크 비즈니스는 조직 관리를 통한 팀플레이를 기본으로, 보다 풍요로운 삶을 실현하기 위한 노력을 아끼지 않는 사람만이 살아남을 수 있는 21세기 새로운 스타일의 비즈니스 전쟁이다.

그러나 이 비즈니스 전쟁에서는 자신이 노력한 만큼 정직하게 자기 몫으로 돌아오는 비즈니스이기 때문에 자신도 알지 못하는 곳으로부터 착취를 당할 염려는 전혀 없다. 이 '착취'를 근절시킬 수 있다는 점만 봐도 모택동과 공통되는 점이 있음을 알 수 있다.

혹시 독자들 중에는 말을 억지로 끼워 맞추는 듯한 느낌이 든다고 말하는 이도 있을지 모르겠다. 그러나 본문을 읽게 되면서 결코 그렇지 않다는 것을 충분히 이해하게 될 것이다.

『모택동 어록』은 최고경영자 및 간부들이 갖춰야 할 리더십, 성공을 꿈꾸는 비즈니스맨들을 위한 성공 법칙, 네트워크 비즈니스 관련 종사자는 물론 네트워크 비즈니스에 진심으로 뛰어들고자 하는 사람들에게 교과서와 같은 역할을 해준다. 즉, 비즈니스에 종사하는 사람들에게 꼭 필요한 리더십인 조직의 점검·교육·자립·단결·전쟁·인내 등 리더들이 꼭 실천해야 할 6가지 리더십으로 구성되어 있다.

이 책은 모택동 어록을 가능한 한 많이 발췌해, 거기에 네트워크 비즈니스에서 성공하기 위한 '법칙'을 발견하여 필자 나름대로 해설을 덧붙인 것이다.

끝으로 이 책의 본문에 소개된 모택동의 말은 모두『모택동 어록』(다케우치 미노루(竹內實) 역, 平凡社)에서 인용한 것임을 알려두는 바이다.

이와나카 요시후미

제1장

왜, 모택통의 리더십인가

몇 명에서 출발하여 수억의 사상을 바꿔놓는데 성공

모택동(毛澤東), 이름만 들어서는 20대들에게 조금 낯설지도 모르겠다. 이들 중에는 '마오쩌뚱'이 누구야? 하며 고개를 갸웃거리는 사람도 있을 것이다.

중학교 사회 과목이나 고등학교 세계사 교과서에서도 그의 이름이 등장하는 곳은 책의 맨 뒷부분 정도이다. 학기가 끝날 무렵에는 시간이 모자라 이 부분에 대해 전혀 배우지 못하고 졸업하게 되는 경우도 충분히 생각할 수 있다.

그러나 네트워크 비즈니스의 조직 편성 관점에서 볼 때 모택동을 능가할 만한 사람은 없다. 그렇다고 해서 모택동이 직접 네트워크 비즈니스에 뛰어든 적은 물론 없다.

> **네트워크 비즈니스의 조직 편성 관점에서 볼 때 모택동을 능가할 만한 사람은 없다.**

모택동은 오늘날의 사회주의 중국의 기초를 확립한 혁명사상가이자 운동가이다. 그의 사상과 행동은 지금 세계 경제에서 '차이나 파워'를 외치며 중국을 이끌어가는 최고지도자를 비롯 많은 사람에게 이어지고 있으며 또한 존경을 받고 있다.

몇년 전 『모택동의 사생활』이라는 책이 출판되어 신격화되기까지 했던 그의 카리스마적 부분이 조금 빛바랜 감도 있지만, 그래도 모택동의 수많은 업적을 휴지 조각으로 만들어버리는 데까지 이르지는 않았다.

그가 아니었다면 중국의 실상이 오늘날과는 전혀 다른 모습을 하고 있을지도 모른다. 그러나 그것은 어디까지나 혁명을 이룩한 이후의 일이며, 적어도 혁명을 완성시킨 조직을 완벽하게 구성해 낸 그의 업적은 그 누구도 부정할 수 없다.

월간 『문예춘추』(1998년 8월호)에 <정치인·정부 관료·최고 경영자·문화인 대 앙케이트 20세기 도서관>이라는 기사가 기획 특집으로 게재된 적이 있다.

'20세기에 쓰여진 책 가운데에서 가장 마음에 남을 만한 책, 후세에 남기고 싶은 책을 국내·해외로 나누어 10권씩 선정한다'는 기획 내용이었는데, 『모택동 어록』이 그 31위를 차지했다.

그런데 『모택동 어록』을 추천한 사람들이 시세이도(資生堂) 회장 후쿠하라 요시하루, 오릭스 사장 미야우치 요시히코, 일본항공 사장 가네코 이사오 등 대부분 일본 경제를 책임지고 있는 최고경영자라는 사실

이다(1998년 12월 현재). 또한 이 책은 교토(京都) 대학 경제연구소 조교수인 아사다 아키라도 추천한 바 있다.

『모택동 어록』은 1967년에 출판되었다. 그러나 거기에 쓰여진 내용 가운데에는 제2차 세계대전이 일어나기 전 즉, 혁명 이전의 모택동의 발언이나 문장도 적지 않다.

어느 부분을 봐도 혁명을 완수하기 위한 것일 뿐 비즈니스나 기업 경영과는 전혀 관계가 없어 보인다. 그러나 네트워크 비즈니스의 '네' 자도 존재하지 않았던 시절에 이미 성공 비결의 토대가 될 만한 사고방식을 명확히 해두었던 것이다.

오해를 막기 위해 굳이 기록해 두자면 모택동은 사회주의 사상을 중국에 확산시키기 위해 활동한 혁명 운동가이다.

그것도 러시아와는 역사와 풍토, 환경 그리고 살아가는 사람들의 기질도 전혀 다른 중국에서 혁명을 이룰 것을 목적으로 삼았기 때문에, 본래 도시 빈민 노동자를 대상으로 하던 사회주의·공산주의 사상과는 질적으로 상당한 차이를 보이는 내용이었다. 물론 혁명운동 진행 방식도 전혀 달랐다.

그러나 그런 이유 때문에 모택동은 처음에 불과 몇 명에서 시작했던 혁명운동을 확대시켜 당시의 3, 4억 중국인들에게 사회주의 사상을 심어주는데 성공했다.

열악한 조건 속에서 혁명을 완수

그러나 문제는 그 이데올로기의 내용이 아니었다. 글자를 읽을 줄도 쓸 줄도 모르는, 아는 것이라고는 오직 농사짓는 것밖에 없다고 생각해왔던 사람들에게, 그 당시 누구에게도 알려지지 않았던 사회주의 사상을 이해시키고 실천하도록 만들었다는 사실이 중요하다.

중국은 국토가 엄청나게 넓어 산 하나만 넘어가도 말투나 생활습관, 기질까지 바뀌는 것이 보통이다. 그런 열악한 환경 속에서의 활동이니만큼 그 어려움은 우리의 상상을 초월하고도 남는 것이었음을 짐작할 수 있다.

그러나 오늘날 중국을 이끄는 최고지도자들 그 대부분이 모택동에게 교육을 받은 사람들이다. 완전히 제로에서 출발하여 똑같은 이상을 실현하기 위해 많은 사람들을 조직하는데 성공한 사람은 세계 역사에서도 극히 드물다는 사실이다. 그리고 무엇보다 높게 평가받고 있는 점은, 모택동 그 자신이 중국 대륙을 걸으며 듣고 말하고 행동했다는 점이다.

그 당시에는 오늘날처럼 비행기나 철도, 자동차를 이용했을 리 만무하다. 대부분 걷거나 기껏해야 말을 타고 다니는 정도가 최고의 교통수단이었다. 먹을 음식조차 없어 그야말로 풀뿌리나 나무열매까지 먹어가며 감행한 대장정이었다.

뿐만 아니라 공산당과 본질적으로는 대립 관계에 있었던 국민당이나, 중국 대륙에 군사 침략을 준비하던 일본군의 공격에 끊임없이 맞서야 하는 어려운 환경이었다. 환경 조건면에서 보면 이보다 더 열악한 상황도 없었던 것 같다. 그럼에도 불구하고 모택동은 혁명을 이룩해냈다.

마찬가지로 네트워크 비스니스도 치음에는 그 사상을 이해시키는 일에서부터 출발한다. 그것은 기존의 유통 스타일을 완전히 기초부터 무너뜨리는, 어떤 의미에서는 21세기 새롭게 주목받는 비즈니스 스타일로 대단히 과격한 내용을 담은 사상이다.

지금까지의 유통 혁명이나 가격 파괴라는 말은 유통에 있어서 다양한 각도의 문제점을 제기시켰고, 그것

> 66 네트워크 비즈니스도 처음에는 그 사상을 이해시키는 일에서부터 출발한다. 그것은 기존의 유통 스타일을 완전히 기초부터 무너뜨리는, 어떤 의미에서는 21세기 새롭게 주목받는 비즈니스 스타일이다. 99

이 실행에 옮겨져 왔다. 그 결과 현재의 유통 스타일은 상당히 변화해왔다. 그러나 아직 개선하고 개혁해야 할 여지가 아직은 많이 남아있다. 그 개선하고 개혁에 도전하려는 시도가 바로 네트워크 비즈니스다.

그런데 국내에서는 아직 네트워크 비즈니스라는 것에 대해 많은 사람들이 우려와 부정적인 시각으로 바라보는 경향이 있다. 그것은 마치 사회주의 사상이 처음 등장했을 때의 그것과 흡사하다고 말할 수 있다.

"저런, 저런 일 하다가 친구를 잃고 말거야."

"피라미드 방식과 무엇이 다르지?"

등의 근거 없는, 하나에서 열까지 사람들을 납득시키기가 대단히 어려운 비판이나 의문에 직면한 경험이 많은 것이 사실이다.

사회주의 사상의 시비나 역사적 평가는 그만두고라도, 일반적으로 세상에 처음 선을 보이는 것은 반드시 혹독한 비판을 받는 것이 통례이다. 때로는 비합법적인 대우를 받으며 국가 권력의 가혹한 탄압을 받는 일까지 있다. 그것은 상식이라는 이름의 두터운 벽이 있기 때문이다.

그러나 네트워크 비즈니스는 결코 비합법적인 것이 아니다. 마케팅 이론상에서도 정당한 평가를 받고 있는 비즈니스 업무 스타일 중의 하나다.

결과적으로는 제품을 판매하는 비즈니스 스타일 중 하나이지만, 그 내용이 기존의 유통 판매 상식과 너무도 큰 차이가 있기 때문에 아무래도 비판

> **❝** 네트워크 비즈니스는 결코 비합법적인 것이 아니다. 마케팅 이론상에서도 정당한 평가를 받고 있는 비즈니스 업무 스타일 중의 하나다. **❞**

을 받기가 쉬운 비즈
니스인 것이다.

　그렇다면 그 높은
장벽을 어떤 방법으로

뚫고 나갈 것인가 하는 그 점을 생각할 때, 모택동의 실천이나 모
택동의 사상, 그리고 모택동의 말은 네트워크 비즈니스를 하는
사람들에게 교과서와 같은 역할을 해줄 뿐 아니라 현장에서 직접
실천할 수 있다는 점에서 매우 시사하는 바가 크다. 이 점이 바로
이 책의 출발점이다.

짧은 기간에 돈 벌 수 있다는 식의 접근 방법은 위험하다

　네트워크 비즈니스란, 어떤 제품을 매개로 같은 조직에 소속된
사람끼리 네트워크를 구축하는 것을 말한다. 그리고 그 기본은
어디까지나 좋은 제품에 있다는 것이 필자가 오래 전부터 주장해
온 내용이다. 즉, 제품은 어디에 내놓아도 부끄럽지 않을 최고의
품질을 가지고 있어야 하며, 타사의 동종 제품과 비교해 모든 면
에서 최소한 한두 걸음 정도 앞선 것이어야 한다는 점이다.

　그리고 가격에서도 일반 소매점에서 구입하는 것보다 훨씬 싼
값에 판매하여 소비자에게 이익을 줄 수 있어야 한다. 그것이 바
로 광고비나 유통에 소비되는 비용을 없앴다는 경영 전략의 증거
가 되기 때문이다.

　최근 들어 신문이나 TV 등 매스컴을 활용해 대대적으로 광고
를 하거나 선전 활동을 벌이고 있는 네트워크 비즈니스 회사도

많이 있는 것이 사실이다. 하지만 매스컴을 활용해 대대적으로 광고나 선전 활동을 벌이는 네트워크 비즈니스 회사들은 돈을 지나치게 많이 번 사람이거나, 혹은 실제 판매에 종사하고 있는 사람들(일반적으로 '디스트리뷰터'라고 부른다)에게 이익을 충분히 환원시키지 않고 있다고 볼 수가 있다.

그렇다면 광고비나 선전비를 줄인 비용은 어떻게 쓰이게 되는가. 일부는 당연히 소비자에게 환원된다. 이와 동시에 디스트리뷰터에게 '수수료(commission)' 명목으로 지불된다.

이 수수료 방식에 대해서는 네트워크 비즈니스를 주재하는 각 회사들이 최상의 제도를 위해 지혜를 짜내고 있다. 그것은 보다 많은 사람에게 또한 보다 많은 양의 제품을 판매한 사람이 실적만큼 많은 수수료를 받게 하려는 것이다.

그 이유는 비즈니스에 모든 정열을 쏟아 자신의 네트워크를 구축하는 일에 힘쓰는 사람이 많지 않으면, 네트워크 비즈니스를 주재하는 회사 입장에서도 많은 이익을 기대할 수 없기 때문이다. 그래서 판매에 종사하는 사람들의 동기부여(motivation)를 높이고, 비즈니스를 지속적으로 열심히 활동할 수 있도록 다양한 인센티브를 제공할 필요가 있다. 그것이 수수료를 받기 위한 시스템에 반영되는 것이다. 그런데 네트워크 비즈니스에 종사하는 사람 가운데는 이 수수료 시스템만을 강조하며, 자신의 네트워크를 확보해 가려는 사람이 있다.

"1년 안에 연봉 3억은 기본으로 받을 수 있습니다."

"6개월 후면 벤츠를 몰고 다닐 수 있게 될 겁니다."

언어의 표현은 조금

씩 달라도 주요 핵심은 짧은 기간에 부자가 될 수 있다는 내용을 강조하면서, 다음과 같은 말로 사람들을 현혹시키는 것이다.

"그러니까 당신도 하루 빨리 비즈니스에 참가하는 게 좋다."

"기회는 자주 오는 것이 아니다."

물론 이러한 일 자체가 잘못됐다는 것은 아니다. 분명한 것은 인간은 누구나 돈에 매력을 느낀다는 점이다. 그러나 그 점만을 필요 이상으로 강조하면서 네트워크 비즈니스 종사자를 모집하게 되면 반드시 예상하지 못한 낭패를 보게 된다.

마치 땀 흘리며 일하지 않아도 돈이 저절로 벌린다는 식의 말에는, 어떤 종류이든 틀림없이 거짓말이 담겨 있기 때문이다.

악랄한 네트워크 비즈니스에 현혹되지 않으려면…

네트워크 비즈니스가 왠지 미덥지 못하게 느껴지는 이유 중 거의 대부분은, 짧은 기간에 많은 돈을 벌 수 있다는 식의 접근 방법에 있는 것도 사실이다.

물론 천연덕스러운 얼굴로 그런 말을 하는 디스트리뷰터의 인격과도 깊은 관련이 있겠지만, 비즈니스에 끌어들이기 위해 달콤한 말만 계속 늘어놓게 되면 나중에는 '이야기가 다르다', '이런 게 아니지 않았느냐' 등의 불만이 여기저기서 터져나오게 된다.

뿐만 아니라 '그 사람이 하는 말이라 정말 믿었는데……', '설마 그 사람이 나한테 이런 짓을……' 하며 배신감을 느끼게 만드는, 그야말로 오랜 동안 쌓아온 인간 관계를 한순간에 무너뜨리는 행동도 서슴지 않는 사람이 있다.

수수료 시스템 자체가 그런 비판을 받을 수밖에 없는 악질의 혹은 위법의 사례도 물론 있다. 하지만 일반적으로 네트워크 비즈니스는 그렇지 않다.

법의 관점에서 볼 때 전혀 문제가 없음에도 불구하고 소비자 센터에 상담을 의뢰하거나 전화를 걸어 고충을 호소하는 등의 사례가 발생하는 데는, 자신에게 네트워크 비즈니스를 권했던 디스트리뷰터 개인의 자질과 인격에 관계가 있다.

즉, 사기나 강매 등의 방법으로 제품을 떠맡긴 다음(물론 거액의 돈과 바꾸고), 그 수입을 자신의 수수료 수입으로 챙기는 사람이 있기 때문이다.

더구나 네트워크 비즈니스이기 때문에 피해자가 한 사람에 그치는 것이 아니다. 그 사람의 권유로 네트워크 비즈니스에 뛰어든 사람들 중 대부분이 그러한 비극의 주인공이 되고 만다.

그러나 실제 극소수 예외를 제외한 네트워크 비즈니스는 분명히 합법적인 비즈니스며, 이 일에 종사하는 대부분의 디스트리뷰터는 모두 선의를 가진 사람들이다. 처음부터 나쁜 마음을 품고 네트워크 비즈니스에 뛰어들었다가는 잠시도 버티기가 힘들다.

> 실제 극소수 예외를 제외한 네트워크 비즈니스는 분명히 합법적인 비즈니스며, 이 일에 종사하는 대부분의 디스트리뷰터는 모두 선의를 가진 사람들이다.

또 처음엔 좋은 의도로 비즈니스를 시작했더라도 도중에 마음이 바뀌어 옳지 않은 일

을 계획하게 되는 사
람도 있다.

물론 네트워크 비즈
니스를 주재하는 회사

는 엄격한 규약을 작성하고, 그러한 일이 발생하지 않도록 노력하고 있다. 하지만 그 가운데는 지혜를 악용하여 디스트리뷰터 규약의 허를 찌르거나 거의 위반에 가까운 행위를 하는 사람도 나오게 된다.

계속되는 세계 경제의 불황 속에서 국내에도 구조조정 등으로 인해 명예퇴직이나 해고당하는 사람이 늘고 있다. 이들의 입장을 생각해보면 사무실이나 고용인이 필요 없고, 또한 많은 자금을 투자할 필요도 없는 네트워크 비즈니스 일을 하고 싶어 하는 사람이 늘어나고 있는 오늘날의 상황을 충분히 이해할 수 있다.

그러나 이런 사람들의 초조하고 불안한 심리를 이용해 수수료 수입만을 강조하면서 네트워크를 확장시키려는 것은 역시 올바른 방법이 아니다.

앞으로 네트워크 비즈니스에 종사하고자 하는 사람에게 당부하고 싶은 말은, '많은 돈을 벌 수 있다', '부자가 될 수 있다'는 식으로 금전적인 면만을 강조하는 네트워크 비즈니스에 현혹되지 말고 주의를 기울이기를 당부해두고 싶다.

소련은 붕괴했지만 모택동의 중국은 지금도 건재하다

이제 네트워크 비즈니스의 부정적인 얘기는 접어두기로 하자.

이 책에서 말하고자 하는 것은 모택동의 이데올로기가 아니라 그 사고방식의 토대가 되는 철학이며 사상이다.

모택동은 오늘날 중국적 공산주의 사상의 창시자로 인식되고 있지만, 사실 그 이전에는 소위 아류에 불과했다.

아류라는 것은 다름 아닌 1917년 러시아에서 혁명이 일어나 소비에트 연방이 성립된 이후 얼마동안, 레닌이나 스탈린이 주창한 사회주의의 현실화 노선과는 질적으로 다를 뿐 아니라 매우 정도가 낮은 사상이라는 평가밖에는 얻어내지 못했던 바로 그것을 의미한다.

예를 들어 1920년 당시부터 1950년 중반까지의 사회주의, 그리고 그에 따른 혁명이라는 것은 농촌보다는 도시에서 일어나는 것으로 여겨져 왔었다.

도시에는 자본가에게 착취당하고 있는 노동자가 있으며, 이들은 항상 자본가에 대한 불만을 품고 있다. 그 때문에 자본주의의 결함에 대한 의식이 그 누구보다도 강하고, 그런 사람들에게 사회주의의 탁월함을 이해시킴으로써 혁명의 필요성을 자각시키고, 최종적으로 사회주의 혁명을 일으킬 수 있다는 것이 레닌 등의 사고방식이었다.

이에 반해 농민은 지주에게 착취를 당하고 있지만 본래 도시 노동자보다 의식이 낮다. 그렇기 때문에 사회주의 혁명을 일으켜 토지를 자기 소유로 만들고 나면 금세 만족해버리고, 그 사상을 사회 전체로 확산시킬 필요가 있다는 사실은 까마득히 잊어버릴 것이라고 생각했다.

그래서 중국이 농업국가라고는 하나 사회주의 혁명의 선두에 서는 것은 어디까지나 도시의 노동자여야 한다는 것이 러시아 혁명을 실행한 소련 사회주의자들의 생각이었다.

이와는 반대로 모택동은 중국에서 사회주의 혁명의 주체자가 될 수 있는 것은 오직 농민이라고 생각했다. 서구와 같이 자본주의가 성숙하지 못한 중국에서는, 도시 노동자 주도형의 사회주의 혁명은 성립되지 않는다는 것이다.

물론 러시아는 영국이나 프랑스에 비교해서 자본주의 성숙 단계에 있었던 것은 아니었다. 그렇지만 중국보다는 훨씬 앞서 있었던 것이다.

그러나 소련식의 사회주의 시스템은 1980년대 말에 완전히 붕괴해버린 것에 반해, 중국식=모택동식의 사회주의 시스템은 끝까지 살아남았다.

물론 기존과 다를 바 없는 사회주의 방법에 이미 한계를 느끼고 있기 때문에, 이제 자본주의적 자유 경쟁 원리가 도입되고 있다. 하지만 중국은 분명한 사회주의 국가임에는 틀림없다.

이것은 모택동이 주창한 사회주의 사상과 그 운동론이 중국 사람들에게 제대로 정착되고 있기 때문이라고 하겠다.

물론 2, 30년 전에 비하면 상당한 동요도 일어나고 있는 것이 사실이다. 그러나 기본적인 부분에서 모택동의 사상은 많은 사람들의 뇌리에 파고들어 국가나 사회 체제

> 소련식의 사회주의 즉, 도시의 노동자가 주체가 되어야 한다는 시스템은 1980년대 말에 완전히 붕괴해버린 것에 반해 중국식, 농민이 주체자가 되는 모택동식의 사회주의는 아직도 건재하고 있다.

의 토대를 이루고 있음은 부정할 수 없다.

모택동의 혁명 운동도, 네트워크 비즈니스도 지방을 중시

모택동 사상의 기본은 무지몽매하다고 생각해온 대중(중국의 경우는 농민)이, 그야말로 사회 전체를 움직이는 주체자라는 점에 있다. 그렇기 때문에 대중을 계몽하고, 대중에게 혁명의 필요성에 대한 자각을 일깨워주고, 혁명의 주체자로 양성해나가는 일을 중요시했던 것이다.

모택동의 말은 모두 그러한 목적 달성을 위해 존재했으며, 모택동의 행동은 모두 그것을 실현하기 위한 것이었다.

"우리 공산당원은 씨앗이며 인민은 토지이다. 우리는 어디를 가든지 그 땅의 인민과 관계를 맺고, 인민 안에 뿌리를 내리며, 꽃을 피워야 한다."(1945년 10월 17일)

이 말이야말로 모택동 사상의 근본이다.

여기에 나오는 '공산당원'을 '네트워크 비즈니스'로, 그리고 '인민'을 '아무 것도 모르는 사람들'로 바꿔보면 쉽게 이해가 될 것이다. 아니 틀림없이 수긍하며 고개를 끄덕일 것이다.

네트워크 비즈니스는 흔히 도시형 비즈니스 스타일이라고 말한다. 특히 미국에서 상륙한 경우 판매의 주체가 되는 사람을 디스트리뷰터라고 부른다. 용어 자체가 외국어이다 보니 도시에 사는 사람들을 위한 비즈니스라고 생각하기 쉽다.

네트워크 비즈니스는 흔히 도시형 비즈니스 스타일이라고 말한다. 특히 미국에서 상륙한 경우 판매의 주체가 되는 사람을

디스트리뷰터라고 부르고 있다. 이처럼 용어 자체가 외국어이다 보니 아무래도 도시에 사는 사람들을

위한 비즈니스라고 생각하기 쉽다.

물론 농촌보다 도시 쪽이 아무래도 정보를 받아들이는 속도가 빠른 것은 사실이다. 그래서 미국의 새로운 비즈니스도 빠르게 전달된다. 그러나 다른 네트워크 비즈니스만 보더라도 미국에 도시 주민의 수가 많다는 기록은 없다.

네트워크 비즈니스에 관해서는 미국이 일본이나 한국보다는 월등히 앞서 있다.

그러한 미국에서 인구 100만 명 이상의 대도시는 뉴욕(732만 명), 로스앤젤레스(349만 명), 시카고(278만 명), 디트로이트(103만 명), 필라델피아(159만 명), 휴스턴(163만 명), 달라스(101만 명), 샌디에이고(111만 명) 등 8개 도시 뿐이다.

하지만 이러한 대도시들이 지방에 비해 네트워크 비즈니스가 성행하고 있다는 사실은 없다.

물론 여기서 말하는 '지방'이란 인구가 적은 마을을 의미하는 것은 아니다. 하지만 반드시 공업도시나 상업도시여야 할 필요는 없다는 것이다.

네트워크 비즈니스의 경우 자신의 조직을 넓히기 위해서는 그에 상응하는 시간이 필요하다. 또한 그 시간을 활용해 사람들과의 커뮤니케이션에 충실하면서 그 질을 높여나가야 한다. 다시 말해 전화나 다이렉트 메일만으로 비즈니스를 끝낼 수 있는 것이

아니라는 말이다.

최근에는 정보통신 기술이 비약적으로 발달해 컴퓨터를 이용한 통신(PC 통신·전자메일 등)이 크게 유행하고 있다.

비록 홈페이지를 통해 자신이 추진하고 있는 비즈니스를 널리 알리는 일이 가능하다 할지라도, 네트워크를 넓혀나가는 일은 역시 쉬운 일이 아니다.

한때 네트워크 비즈니스의 본거지 미국에서도 이 PC 통신이 대단히 인기를 끈 적이 있다. 하지만 이 PC 통신은 제품 설명회를 알리는 데는 효과가 있어도, 네트워크 자체를 확장시키기 위한 유효한 수단으로서 제 기능을 발휘하지 못한다는 사실을 사람들은 알게 되었다.

역시 네트워크 비즈니스의 마지막 열쇠가 되는 것은 직접적인 커뮤니케이션, 1 대 1 대화라는 것을 깨닫게 된 것이다.

이때 어느 정도의 비즈니스 내용을 상대에게 전할 수 있을까가 중요한 문제로 대두된다. 그렇지만 커뮤니케이션을 할 때 과대 포장하거나 과소 포장해서는 결코 안 된다. 그냥 적당한 크기로, 매력을 느낄 수 있을 정도로만 어필할 필요가 있다.

네트워크 비즈니스의 매력은 수입에만 있는 것이 아니다

더구나 그 '매력'은 결코 경제적인 면(=수수료 수입)만을 의미하는 것은 아니다. 모택동이 살았던 그 시대는 어떠했는지 모르겠지만 적어도 현대에는 경제적인 면, 솔직히 말해서 '지금보다 돈을 많이 벌 수 있다', '연봉이 껑충 뛰어오른다'는 식의 말만으로 상대에게 매력을 느끼게 하기는 어렵다.

> 네트워크 비즈니스의 '매력'은 결코 경제적인 면만을 의미하는 것은 아니다. 그보다는 오히려 '재미'나 '보람'을 얻을 수 있다는 면을 강조하며 설명할 필요가 있다.

상대방으로 하여금 네트워크 비즈니스에 종사하고픈 마음을 갖게 하려면, 경제적인 면보다는 '재미'나 '보람'을 얻을 수 있다는 면을 강조하며 설명할 필요가 있다.

모택동의 말을 깊이 생각하면서 읽어보면 그 역시 '(지주의 수탈에 제동이 걸려) 생활이 지금보다 즐거워진다'는 식의 말만을 강조하면서 당원이나 적군(赤軍) 병사에게 주장하지 않았다.

그보다는 일상에 찌든 농민의 마음을 어떻게 사로잡을 수 있는지, 어떻게 하면 그들을 우리 편으로 만들 수 있는지를 다양한 말들로 표현하고 있다.

이와 같은 모택동의 말에서 느낄 수 있는 것은 꿈이며, 타인(의 행복)을 위해 헌신하는 것이 어떻게 자기의 인생을 만족시킬 수 있는지에 대한 확신이다. 물질적인 의미에서 삶이 즐거워진다는 것은 어디까지나 2차적, 3차적인 것밖에 되지 않는 것이다.

물론 네트워크 비즈니스는 어디까지나 비즈니스다. 그러므로 현실 속에 그 결과가 나타나야 하는 것이 당연하다. 그러나 그 결과를 내 것으로 만들기 위해서는 밤낮을 가리지 않고 노력해야 하며, 다른 사람을 위해 힘쓰거나 자기의 즐거움을 희생하면서 남을 위해 애쓰는 자세가 필요하다.

따라서 부단한 노력 없이 그저 나 하나만 이익을 얻으면 그만이라는 태도는, 애써 쌓아놓은 네트워크마저 언젠가 무너뜨리는 결과를 초래하게 될 것이다.

네트워크 비즈니스의 대원칙은, 다른 사람의 행복을 위해 봉사하는 것만큼 자기 자신도 풍족해진다는 것이다.

움직이고 또 움직이고, 이야기하고 또 이야기했던 모택동

네트워크 비즈니스에서는, 처음으로 비즈니스에 종사하고 지속적으로 꾸준히 활동하는 사람이 큰 성공을 거두는 경우를 가끔 볼 수 있다.

반대로, 모든 네트워크 비즈니스에 조금씩 손대는 사람은 언뜻 보기에 경험이 매우 풍부해 유리할 것이라는 느낌을 준다. 하지만 결과적으로 보면 대개는 성공을 거두지 못하는 경우가 많다.

일시적으로는 큰 성공을 거둔 것처럼 보일지는 몰라도 3년이나 5년, 10년이 지난 후 초라한 모습으로 나타나는 사람이 적지 않다. 네트워크 비즈니스에 종사하는 사람의 경우 적어도 3년 정도 지나야 그 사람의 진가를 판단할 수 있기 때문이다.

최근 들어 SOHO(Small Office Home Office)라는 말을 많이 듣게 된다. '소규모 자영업'으로 풀이되고 있는 이 말은, PC 등을 활용해 새로운 비즈니스를 창출하는 것을 의미한다.

이 '소호'라는 단어는 마치 네트워크 비즈니스를 위해 존재하는 것처럼 생각하는 사람도 적지 않을 것이다.

물론 네트워크 비즈니스를 진행하기 위해 큰 사무실은 필요없다. 일부러 사무실을 빌릴 필요도 없다. 집에 작은 공간만 있으면 그것으로 충분하다.

그렇다고 해서 활동하지 않고 가만히 있는 것만으로 비즈니스는 발전하지 않는다. 오히려 더 크고 역동적으로 활동하지 않으면 조직은 확장되지 않는다.

그렇다면 비즈니스를 확장하기 위해서는 어떤 방법으로 많은 사람을 만나서 이야기를 할 것인가.

그 방법은 장소가 어디든 마다하지 않고 달려가고, 설령 거기에 한두 사람밖에 없다 하더라도 직접 만나서 비즈니스 하는 것이 최선의 방법이다. 가만히 앉아서 조직을 확장시킬 수 있다는 생각은 버려야 한다.

모택동은 움직이고 또 움직였으며, 이야기하고 또 이야기했다. 그러자 많은 일반 대중이 그를 따랐으며, 그에게 협조를 아끼지 않았다. 그것은 그 사상과 사람 그리고 행동이 일치되었기에 가능했다.

온갖 미사여구를 다 동원해 설득한다 해도 거기에 실천이 따르지 않으면 사람은 결코 따르지 않는다. 하물며 그 사람을 위해 행동하겠다는 생각을 갖는다는 것은 더욱 무리다.

일시적인 성공에 눈이 멀어 인간 사회의 기본을 망각해버린 사람은 반드시 후회하게 된다. 그때 가서 반성하고 후회해봤자 때는 이미 늦은 뒤다.

> 네트워크 비즈니스는 작은 공간만 있으면 충분하다. 그러나 크고 역동적으로 활동하지 않으면 조직은 확장되지 않는다.

"공산당원은 언제, 어디에 있든지 개인의 이익을 제일로 삼지 않으며, 개인의 이익을 민족과 인민 대중의 이익에 종속시켜야 한다. 따라서 사리사욕, 게으름, 부정부패, 자신의 이름을 파는 행위 등은 무엇보다 경계해야 한다. 그러나 공정무사, 적극적 노력, 자신을 자제하여 공적 일에 봉사하고 묵묵히 땀 흘리는 정신이야말로 존경할 만한 일이다."(1938년 10월)

라는 말은 모택동이 자신에게도 철저하게 적용시킨 말이었다.

이러한 원리 원칙에서 벗어난 행동을 하는 공산당원은, 설령 오랜 기간 동안 동고동락을 함께 한 상대라 할지라도 모택동은 용서하지 않았다고 한다.

꿈을 꾸고 말할 수 있는 사람만이 살아남는다

특히 최근에는 불경기가 장기간 계속되고 있는 탓에 살아가기 힘들 정도로 비참한 상황에 놓인 사람이 네트워크 비즈니스에 뛰어드는 경우가 많다. 그러나 이 경우 단기적인 비전만을 추구한다면 그 사람은 성공할 수 없다.

대체로 하루 하루 먹고 사는 것에 급급한 사람은 네트워크 비즈니스에 종사하지 않는 것이 좋다. 빵을 위해서는 뭐든지 하겠다는 식의 인간은 반드시 조직을 어려움에 빠뜨리게 된다. 때문에 도덕성이 결여된 사람을 조직에 참여시키면 나중에 틀림없이 후회하게 된다.

오히려 삶이 힘든 사람을 상대로 했을 때 중장기적 비전을 말할 수 있다. 설령, 지금은 경제적으로 어려운 상태에 직면해 있다 하더라도 꿈을 꿀 줄 아는 사람이 반드시 필요하다. 정신적 여유라는 말이 해당될지 모르겠지만, 꿈을 잃어버렸을 때 인간은 짐승보다도 못한 존재가 된다.

모택동이 상대했던 대중들도 99%는 그런 사람이었다. 하지만 모택동이 말한 것은 늘 고매한 이상이었을 뿐, 결코 그 날의 빈곤함을 견뎌낼 수 있는 방법은 아니었다.

스스로 아무 것도 가진 것 없는 가난한 생활을 몇 년씩이나 계속했던 모택동이었지만, 그로 인해 비굴한 행동을 하는 일도 없었고, 그것을 다른 사람에게 강요하지도 않았다.

그러한 행동이 애써 쌓아온 조직을 한 순간에 무너뜨리는 요인이 된다는 것을 너무나 잘 알고 있었기 때문이다. 건설은 피눈물 나는 노력으로 이뤄지지만 파괴는 순간에 이뤄지기 때문이다.

모택동이 적군 병사를 위해 정해놓은 유명한 '3대 규율'이라는 것이 있다.

① 일체의 행동은 지휘에 따른다.

② 대중에게서는 바늘 하나, 실 한 가닥도 빼앗지 않는다.

③ 노획품은 모두 공적재산으로 삼는다.

너무 오래도록 계속된 가난에 지친 나

머지 그만 인간으로서의 도덕성을 잃어버리고 사리사욕에 빠지기 쉬운 인간의 본질을 꿰뚫어본 말이다.

모택동이 이 말을 한 것은 1928년 봄의 일이었다고 한다. 적군이 조직된 후 1, 2년밖에 지나지 않았을 때였다.

적군이라고는 하나 처음엔 어중이떠중이들이 다 모였을 것이다. 그러나 이러한 엄한 규율을 적용시키면서 실격자는 자연스럽게 탈락하게 되었다. 더구나 적군의 최고지도자였던 모택동 자신이 이 말을 철저히 실천하는 모습을 보여주었다.

중국 혁명사에 있어서 1934년부터 1936년에 걸쳐 국민당의 포위 공격을 피해 북상하면서 항일전쟁에 뛰어들어, 적군의 근거지인 화중·화남지방에서 협서성(陝西省) 방면으로 이동(거리로는 12,500km)하는 '장정(長征)'을 펼쳤는데, 그 장정 직전에 이러한 일이 있었다고 한다.

국민당군과의 전투가 한창이던 1931년, 중화소비에트공화국 임시정부가 들어서고, 1934년까지 중국 공산당의 근거지가 된 서금(瑞金, 강서성 남동부의 소도시)에 적군이 도착했을 때 병사가 돼지 몇 마리를 발견하게 되었다.

그 병사는 '가난한 농민이 이렇게 살찐 돼지를 키우고 있을 리 없다. 틀림없이 어떤 지주의 소유일 것이다'라고 판단하고, 그 돼지를 잡아먹기로 했다.

저녁때가 되어 그 돼지를 요리해서 식탁에 내놓자 모택동이 물었다.

"이 돼지고기는 어디서 났는가?"

"대지주의 것을 몰수했습니다."

그런데 이튿날 아침 모택동 일행이 출발 준비를 하고 있을 무렴, 그 지역 농민 몇 명이 찾아와 하소연했다.

"우리가 사온 돼지를 끌고 부대 앞을 지나가는데 당신네 병사들이 모두 끌고 가버렸다. 정말 너무한 것 아닙니까?"

모택동은 농민들의 얘기를 듣고 대노하였고, 그 즉시 정식회의를 열어 진상을 조사하기에 이르렀다. 그리고는 엄하게 꾸짖었다.

"너희들의 행동은 도둑질과 다를 바가 없다. 대중에게 관심을 쏟지 않고 우리의 정책에도 관심을 갖지 않으니 이런 일이 생기는 것이다."

물론 이후 이와 같은 일은 두 번 다시 일어나지 않았다.

눈앞의 이익을 좇아 비즈니스에 뛰어드는 것은 금물

네트워크 비즈니스에 대한 일반 대중들의 생각은 유감스럽게도 아직까지 부정적인 시각이 더 강한 것이 사실이다.

필자의 네트워크 비즈니스 연구소에는, '내 아이가 뭔가 정체를 알 수 없는 일을 하고 있는 것 같은데……' 하는 내용의 상담이 꽤 접수된다. 그 중 대부분이 네트워크 비즈니스와 관련된 것들이다.

"어느 날 갑자기 집에 미국에서 보낸 많은 물건이 도착했다."

"갑자기 돈을 빌려달라고 한다. 뭐에 쓸 거냐고 물었더니, 물건을 사는데 필요하다고 했다. 하지만 도무지 무슨 말인지 이해가 잘 가지 않는다."

"너무 갑작스레 생활이 사치스러워져서 어떤 일을 하고 있느냐고 물었더니, 귀찮아하며 제대로 설명도 해주지 않는다. 얼핏

봐서는 미국의 건강식품을 팔고 있는 것 같은데……."

대체로 크게 나누어 보면 이러한 질문으로 요약된다.

물론 이러한 모든 것이 전부 의심스러운 네트워크 비즈니스라는 얘기는 아니다. 그러나 처음 두 가지 질문 내용에 대해서는 깊이 있는 분석이 필요하다.

최근에는 옛날과 달리 젊은 사람들이 네트워크 비즈니스와 관련된 일을 하는 경우가 많다. 특히 외국계 회사가 그 대표적인 예라고 할 수 있다.

그런데 그 중 대다수의 젊은 사람들이 '손쉽게 돈을 벌 수 있다', '매일 회사에 나갈 필요가 없어서 편하다'는 식의 말에 혹해 비즈니스에 뛰어든 경우가 대부분이다.

그러나 실제로 그러한 젊은이들이 모두 네트워크 비즈니스에서 성공을 거두고 있는 것은 결코 아니다. 등록 후에는 아무 일도 하지 않거나 혹은 일은 계속 하지만 생각보다 수입이 늘지 않아 결국 아르바이트로 생계를 유지해 나가는 상황에 처한 사람이 대부분이다.

왜 그런 현상이 생기는가. 대답은 간단하다. 그 자리에서 순간의 분위기에 휩쓸려 비즈니스에 뛰어들고 있기 때문이다.

여기서 비즈니스의 엄격함에 대해 운운할 생각은 없다. 그러나 네트워크 비즈니스도 하나의 비즈니스인 이상, 장래에 대한 전망을 가지고 전략과 전술을 꾀할 필요가 있다.

> 네트워크 비즈니스는 장래에 대한 전망을 가지고 전략과 전술을 꾀할 필요가 있다. 그리고 하나의 직업으로서 이 일을 시작할 때의 원리 원칙을 확인해야 한다.

그리고 하나의 직업으로서 이 일을 시작할 때의 원리 원칙을 확인해야 한다. 그

러한 절차 없이 '(시간
이) 자유롭다' 또는
'(쉽게) 돈을 벌 수 있
다'라는 표면적인 매

력에만 이끌려 네트워크 비즈니스에 뛰어들기 때문에 오래 지속
시켜나가지 못하는 것이다.

모택동의 사회주의 혁명(중화인민공화국 성립은 1949년)은 그
야말로 25년에 걸친 대사업이었다. 1917년 러시아 혁명 때부터
계산해보면 32년이란 긴 세월이다.

이 기간 중 장정에 있었던 3년 동안 거의 맨몸으로, 하루 세 끼
끼니도 제대로 때우지 못하는 나날을 보냈다.

그러나 모택동은 긴 장정 동안에도 미래에 대한 희망을 결코
버리지 않았고, 늘 원리 원칙을 지키면서 혁명을 이끌어갔다. 스
스로 결심해서 시작한 일을 중도에 내팽개치는 우스운 짓은 하지
않았다.

그것은 분명 자신이 신봉하는 사회주의라는 사상의 정당성을
확신하고 있었기 때문일 것이다.

처음 출발시부터 마이너스였다는 점에서 모택동 운동과 공통

모택동이 1893년에 태어났으므로 러시아 혁명(1917년) 당시 그
의 나이는 24세였다. 당시 모택동은 호남성립(湖南省立) 제일사
범학교에 다니고 있었는데, 이때 이미 혁명가로서의 길을 걷고
있었다.

그는 신문 광고를 통해 애국운동에 관심이 있는 청년은 자신에게 연락해 달라고 호소했다. 그리고 그때 모인 동지들과 함께 <신민학회>라는 단체를 조직했는데, 훗날 이 멤버들이 중국 혁명에서 지도적 입장에 서게 된다. 즉, 20세를 넘기면서 모택동은 혁명에 뛰어들기 시작했던 것이다.

중화인민공화국이 성립된 1949년, 모택동의 나이 56세였다. 그 동안 자신의 인생 전부를 걸어 혁명운동에 매진했으니 결코 쉬운 일은 아니었다. 그리고 분명 사상에 목숨을 건 나날들이었다.

물론 혁명운동과 비즈니스는 그 취지도 전혀 다르다. 그러나 비즈니스 가운데서도, 특히 네트워크 비즈니스는 그 취지나 의의를 사람들에게 이해시키지 못하면 결코 확산시킬 수 없다.

결과적으로 경제적 이익을 얻는다는 측면에서는 다른 비즈니스와 전혀 다를 바가 없다. 하지만 이 비즈니스에 뛰어들기 전단계에 높은 장벽이 존재한다. 다시 말해서 전례가 없는(혹은 부족한) 비즈니스라는 사실이다.

그래도 암웨이나 에이본, 뉴스킨 등의 선구자가 있다는 사실만으로도 아직은 가능성이 있다고 볼 수 있다. 암웨이가 처음 상륙했을 당시의 상황에 비춰보면 참으로 비약적인 발전인 것이다.

하지만 그렇다고 해서 모두 긍정적인 측면만 있는 것은 아니다. 그것은 지금까지 네트워크 비즈니스라는 이름을 내건 몇몇 회사가 여러 가지 사건을 일으키며 사회면에 등장했기 때문이

> **❝** 네트워크 비즈니스는 그 취지나 의의를 사람들에게 이해시키지 못하면 결코 확산시킬 수 없다. 결과적으로 경제적 이익을 얻는다는 측면에서는 다른 비즈니스와 전혀 다를 바가 없지만, 이 비즈니스에 뛰어들기 전단계에 높은 장벽이 존재한다. **❞**

다. 이런 일들 때문에 피라미드식이니 다단계 판매니 하는 이유 없는 비판을 받아야 했던 것이다.

상대방에게 비즈니스를 권할 때는 무엇보다 우선 그 마이너스 요소를 불식시킬 필요가 있다. 그 이미지를 없앤 후 다음 단계로 들어가야 한다. 그러나 그것은 결코 쉬운 일이 아님을 염두에 두기 바란다.

사회주의 혁명 역시도 사정은 마찬가지였다. 그때까지 존재하고 있던 상식을 완전히 뒤엎는 사상이었으므로, 많은 인민들로부터 공감을 얻어내기 어려운 부분도 있었을 것이며, 분명 이유 없이 비판도 받았을 것이다. 그렇기 때문에 출발 시점부터 이미 엄청난 마이너스 요소를 안고 있었던 것이다.

이러한 마이너스 요소들이 세상의 상식이 통하는, 이해하기 쉬운 것이라면 별 문제가 없을 것이다. 그러나 기존의 상식을 뒤엎는 것인 만큼 비판이 거센 것은 당연하다.

그 중에서 모택동은 30년 가까이 결코 타협하지 않고 혁명을 향해 매진했다. 그리고 중국이라는 하나의 국가 체제를, 수억이라는 거대한 수의 사람들의 사상을 송두리째 바꿔놓았다.

시대는 물론 변한다. 그렇지만 사회주의 혁명을 부르짖기 시작한 후 얼마 지나지 않아 모택동이 처한 당시의 상황과 오늘날 네트워크 비즈니스를 시작하려는 사람들이 처한 상황에는 별다른 변화가 없다.

그리고 그 확산 방식의 본질이나 무대 역시 모택동의 투쟁이 큰 참고가 될 것임에는 틀림없다.

유통 혁명의 창시자 다이에의 최고경영자도 모택동을 신봉

일본 소매업계의 영웅 다이에의 최고경영자 나카우치 이사오도 다이에를 키우기까지 10년 동안 모택동 사상을 신봉했다.

분명 나카우치가 주창한 것도 '유통 혁명'이었다. 그 당시 유통 혁명이라는 말의 의미는, 제조업체 측이 가격 결정권을 쥐고 있어 소매업체가 자유롭게 가격을 매길 수 없었던 당시 상황을 뒤집어보겠다는 뜻이었다.

이를 실현하기 위해 나카우치는 온갖 수단과 방법을 다 동원해 노력에 노력을 거듭한 결과, '좋은 물건을 좀더 싸게'라는 오랜 기간 동안의 꿈을, 그 동안 일본에서는 찾아볼 수 없었던 수퍼마켓이라는 새로운 형태로 실현했다.

네트워크 비즈니스 역시 의미는 크게 다르지만 유통 혁명의 하나다. 뿐만 아니라 지금까지 당연시되었던 제조업체⇒도매상(1차·2차·····)⇒소매점이라는 유통 과정을 근본부터 완전히 바꿔놓은 것이었으니, 그 충격은 수퍼마켓에 비할 바가 아니다.

> **일본 소매업계의 영웅 다이에의 창시자 나카우치 이사오도 다이에를 키우기까지 10년 동안 모택동 사상을 신봉했으며 유명 혁명을 부르짖었다. 그 결과 '좋은 물건을 좀더 싸게'라는 오랜 기간 동안의 꿈을, 그 동안 일본에서는 찾아볼 수 없었던 수퍼마켓이라는 새로운 형태로 실현했다.**

직접 판매라는 점에서는 통신 판매와 같지만 소비자가 그대로 디스트리뷰터가 될 수도 있으므로, 그 점은 통신 판매와 전혀 다르다. 즉, 전혀 전례가 없는 스타일의 진행 방식이 네트워크 비즈니스인 것이다.

나카우치는 그의 저서 『나의 염가 판매 철학』에서 다음과 같이 말하고 있다.

"유통 혁명을 프롤레타리아 혁명에 비유하자면 소비자와 양판점은 프롤레타리아트이며, 중소기업은 부르주아지의 일각을 구성하고 있다. 중소기업은 본래 프롤레타리아트인 소비자와 양판점에 적대하는 층이지만 독과점화의 진전은 부르주아지 진영에 내부 모순을 일으키고, 민주주의 혁명에 있어서 중소기업은 동맹군에 참가할 수 있는 조건에 있다. 중소기업은 동맹군에 참가하기는 하나 마지막까지 동맹군의 일원이 될지는 보증할 수 없다. 본질적으로 그렇다는 얘기다."

여기서 자주 등장하고 있는 '동맹군'이라는 말은 '유통 혁명'을 달성하기 위한 통일 전선이다. 그리고 그 통일 전선이 통일 전선으로 확실히 기능하기 위해서는 전국 각지에 소비자, 혁신적 유통업자, 중소기업으로 이루어진 소비에트(혁명평의회)를 형성할 필요가 있다고 나카우치는 역설한다.

"소비에트의 지도권은 소비자와 소비자의 신임장을 얻은 혁신적 유통업자가 쥐고 있어야 한다. 소비자와 양판점 사이에도 모순은 존재한다. 양자 사이에는 소비자 주권을 지향하는 상호 신뢰에 의해 성립되지만, 판매자와 구매자간 입장 차이는 좀처럼 좁히기 어렵다. 내부 모순은 소비자 주권을 원칙으로 하되 쌍방간의 철저한 토의에 의해 지양되어야 할 것이다."

이 책을 출판할 당시(1969년) 나카우치는 『모택동 어록』을 열독하고 있었던 것으로 알려지고 있다.

당시 중국에서는 문화대혁명이 한창이었고, 일본에서도 전국학생공동투쟁회의(전공투)로 인한 학생 운동 바람이 전국 대학을 강타하며 『모택동 어록』이 베스트셀러가 되던 시절이었다.

물론 나카우치는 그보다 훨씬 이전부터 모택동의 『실천론·모순론』을 읽었고, 미국의 경제지 『포춘(Fortune)』에도 '모택동 주의자(Maoist)'로 소개된 바 있다. 그리고 나카우치는 이 책에 소개된 내용처럼 일본이라는 나라에서 '유통 혁명'을 이뤄냈다.

그때까지 동네 소매점과 백화점에서만 물건을 구입하던 일본 소비자는, 수퍼마켓이라는 전혀 새로운 스타일의 점포에서 지금까지보다 훨씬 싼 가격으로 상품을 구입할 수 있게 되었다. 그것은 당시로서는 사회구조를 발본적으로 변혁시킨 완전히 혁명적인 사건이었다.

물론 나카우치는 수퍼마켓이라는 스타일의 사업을 확립한 시점에서 모택동 사상과 이별을 고했다.

그러나 '유통 혁명'과 같이 전례가 없는 일을 실현시킬 때, 모택동의 사상과 실천 철학이 도움이 되었다는 점에서는 역시 주목할 가치가 있다.

제2장

점검

조직을 점검하고 또 점검하라

활동을 중단하는 순간
네트워크 비즈니스는 붕괴된다

공산당원은 심중이 넓고 충실하며 적극적이다. 혁명의 이익을 제1의 생명으로 삼고, 개인의 이익을 혁명의 이익에 종속시켜 언제 어디에서든 올바른 원칙을 견지하고, 옳지 않은 모든 사상과 행동에 대항하며 끝까지 투쟁해나가야 한다. 그로 인해 당의 집단 생활을 강하고 굳건히 하며, 당과 대중과의 관계를 강화시켜야 한다. 개인보다도 당과 대중에게 관심을 기울이며 자신보다는 다른 사람에게 관심을 쏟아야 한다. 이와 같은 사람이 진정한 공산당원이라고 할 수 있다.(1937년 9월)

네트워크 비즈니스는 에너지를 필요로 한다

모택동의 말처럼 행동하는 네트워크 비즈니스맨이 있다면, 그 사람은 상상을 초월할 정도로 거대한 조직을 만들 수 있다. 그러나 이러한 자격을 갖춘 리더는 아주 드물다. 아마 손으로 꼽을 수 있을 정도가 아닌가 한다.

그렇지만 '이런 사람은 꼭 신선 같다', '현실에 접목할 수 없는 이상주의자 같은 말만 하는 사람이라면 네트워크 비즈니스를 전개하지 못할 것이다'라고 무시해서는 절대 안 된다.

어찌 되었든 네트워크 비즈니스에 대한 올바른 자세를 유지하려고 노력하는 사람은 비록 적지만 분명히 존재하기 때문이다. 그리고 그런 사람은 예외 없이 큰 성공을 거두게 된다.

최근 들어 배물(拜物)주의와 배금(拜金)주의 풍조가 사회에 만연해 있기 때문에, 이러한 발상을 갖고 실천에 옮긴다는 것이 어렵다는 점도 이해할 수 있다.

하지만 세계의 역사를 뒤돌아보면, 성공한 비즈니스나 사상운동에는 이런 사람이 존재했기에 오늘날 각기 커다란 금자탑을 쌓아나가고 있는 것이다.

모택동이 이끌었던 공산당이 오랜 고통과 시련을 이겨내고 중국에 사회주의 정권을 수립할 수 있었던 것도 100%는 아니더라도, 이러한 자세로 일관되게 실천했기 때문에 가능한 일이었다.

그렇지 않았다면 일시적으로는 성공을 거둘 수 있었다 해도, 오늘날까지 사회주의 체제를 유지하는 일은 불가능했을 것이다.

그저 개인의 배만 불리려 하고 자신의 이익밖에 생각하지 않는 사람에게는 절대 대중이 따르지 않는다. 네트워크 비즈니스는 서로가 서로를 위해 생동하는 비즈니스이기 때문이다. 이 원칙을 지키지 않는 사람이 하는 말을 대중이 들을 리 없다.

개인 비즈니스이면서 집단 비즈니스이기도 한 네트워크 비즈니스의 세계에서 버림받은 사람만큼 비참한 인간은 없다.

어느 누구 하나 말을 걸지도 않고 상대도 해주지 않는다면, 사회를 살아가면서 이보다 더 외롭고 비참한 일은 없을 것이다.

따라서 자신과 그 조직을 구성하는 사람들, 또한 자신을 비즈니스 세계로 이끌어준 사람과 그 조직을 위해 항상 열의와 성의를 다해 배려하고 살펴줄 필요가 있다.

물론 앞으로 제품을 사용할 것으로 보이는 사람들, 나아가서 비즈니스에 참여할 의사가 있는 사람들에게도 주의를 기울여야 한다. 그런 의미에서 네트워크 비즈니스는 자유롭긴 하지만, 실제로는 상당한 에너지를 필요로 하는 일이다.

리더의 자세는 조직 전체에 영향을 미친다

특히 리더로서 많은 사람들을 이끌고자 하는 사람, 또는 현재 그러한 입장에 있는 사람의 고충은 말로 다 표현할 수 없을 만큼 크다. 그렇기 때문에 조금만 방심해도 팀원에 대한 주의를 기울이는 일에 소홀해지기 쉽다.

그러나 그렇게 되면 곤란하다. 모택동은 리더의 자세에 대해 다음과 같이 말하고 있다.

"공산당원은 어떠한 사태에 대해서든지 왜 그럴까 하고 스스로에게 반문해야 하며, 자신의 머리로 면밀히 생각하고, 그것이 실제와 합치되는가 여부를 따져보고, 실제로 도리에 맞는 일인지

어긋나는 일인지 고려
해야 한다. 절대 맹목
적으로 따라해서는 안
된다. 절대 노예주의
를 주장해서는 안 된
다."(1942년 2월)

흐름에 맡기고, 어떻게든 될 대로 되라는 식의 방관자적 자세가 바로 '노예주의'라고 할 수 있을 것이다. 모택동은 이를 엄히 경계했던 것이다.

가끔은 사고(思考)를 멈추고 싶을 때가 있다. 또 가끔은 잠시 쉬었으면 하는 욕구도 생길 것이다. 그러나 그렇게 되면 조직은 사고를 멈추게 되고 또 쉬게 된다.

네트워크 비즈니스 조직의 자세는 바로 리더를 비추는 거울이다. 리더의 마음속에 있는 생각들은 반드시 조직 전체에 반영된다. 물론 아니라고 생각하는 사람도 있겠지만 그것은 사실이다.

무책임한 행동을 일삼는 리더의 조직은 어디에서나 무책임하다. 또한 자신만을 생각하는 리더의 조직은 한 사람 한 사람이 모두 조직이 아닌 자신의 일만을 생각한다.

반대로 자신의 이익을 희생해서라도 조직의 이익을 최우선으로 생각하는 리더의 조직은 누구나 다 그러한 생각과 행동을 갖는다. 이러한 조직이 성장도 빠르고 조직 전체에 활력이 넘치게 되는 것은 당연한 일이다.

네트워크 비즈니스에 종사하는 사람들을 위해 자주 강연을 하면서 느끼는 것이지만, 그 리더의 행동을 보면 그 사람이 이끄는 조직 전체를 대강 파악할 수 있다.

반대로 조직의 한 구성원과 이야기를 나누어보면, 그 조직의
리더가 어떤 사람인지도 파악할 수 있게 된다. 이해가 안 되겠지
만 그것은 사실이다.

마음과 마음이 통하지 않는 네트워크 비즈니스는 외롭다

물론 네트워크 비즈니스는 봉사활동이 아니라 비즈니스이기
때문에 이익을 추구하는 것은 당연하다. 그렇다 하더라도 봉사정
신이라고도 할 수 있는 부분을 절대 간과해서는 안 된다.

이러한 요소가 다 제외되고 비즈니스(=돈벌이)만이 전면에 부
각된다면 오히려 조직은 확대되지 못할 것이다. 화려한 분위기,
돈이 눈에 아른거리는 아귀와 같은 심정은 상대에게도 그대로 전
달된다.

그래서 이런 사람들의 이야기를 들을 경우, 나도 한 번 비즈니
스에 투신해볼까 하는 생각을 갖게 되는 것이 어렵다. 즉, 네트워
크 비즈니스에 마음이 끌리지 않는 것이다.

더욱이 제품의 우수성에 대한 자세한 이야기를 듣고 싶어 하는
사람의 경우에는 좋은 인상을 가질 수 없다. 아마도 그런 장소에
따라간 사람에 대해 의심의 마음을 갖는 것은 당연할 것이다.

네트워크 비즈니스가 종종 인간 관계를 무너뜨린다는 얘기가
나오는 것은 이런 부
분에 원인이 있는 경
우가 대부분이다.

이것은 오로지 리

> 66 네트워크 비즈니스도 비즈니스이므로
> 이익을 추구하는 것은 당연하다. 그렇다 하
> 더라도 봉사정신이라고도 할 수 있는 부분
> 을 절대 간과해서는 안 된다. 99

더의 책임일 뿐 따라
온 사람의 책임은 아
니다. 일찍부터 이러
한 분위기를 느끼도록

하여 '네트워크 비즈니스라는 것이 이런 것이구나' 하는 잘못된
인상을 심어주었기 때문이다.

그래도 비즈니스에 종사하고자 찾아오는 사람은 있다. 그러나
유감스럽게도 앞날에 대한 전망은 어둡다. 이처럼 조직의 불행한
결말이 내다보이는 네트워크 비즈니스는 참으로 비참하다.

조직이 확대되지 않아 수입이 더 많아지는 것을 기대할 수 없
을 뿐 아니라 일에 대한 즐거움도 찾기가 어렵다.

사람과 사람의 마음이 통하지 않는 즉, 교감이 없는 네트워크
비즈니스 조직은 그저 썰렁함을 느끼게 할 뿐이다. 따라서 그러
한 네트워크 비즈니스에 결코 사람이 모이지 않는다.

보이지 않는 곳에서
얼마만큼 노력하느냐가 네트워크 확대의 비결

공산당원은 무엇보다 장래를 내다볼 줄 아는 안목을 가지고 있어야 하고, 무엇보다 희생정신이 강해야 하며 의지가 굳은 사람이어야 한다. 뿐만 아니라 상황을 무엇보다 잘 이해하고, 대중의 다수에게 의존하며 대중을 옹호할 줄 알아야 한다.(1937년 5월)

자신의 노력만큼 수입을 얻는 것이 네트워크 비즈니스

눈앞에 보이는 이익만을 생각하는 사람은 네트워크 비즈니스를 계속할 수 없다. 네트워크 비즈니스에서 성공하기 위해서는 무엇보다도 희생정신이 있어야 하고 의지가 강해야 한다.

즉, 희생정신이 없는 사람은 네트워크 비즈니스를 계속할 수 없을 뿐 아니라 의지가 약한 사람은 네트워크 비즈니스를 지속시키지 못한다. 이것이 모택동의 말에서 배울 만한 리더십이다.

그런데 눈앞에 보이는 이익만을 생각하는 사람들이 네트워크 비즈니스 세계에서 많이 활동하고 있는 것이 현실이다. 그러나 그들 대부분은 짧은 기간에 큰 돈을 벌게 될 것이라는 생각만으로 비즈니스에 뛰어든 사람이다.

예를 들어 소비자에게 상품을 팔 경우 그날 바로 돈이 들어온다. 그러나 네트워크 비즈니스에서는 이러한 면의 이익을 별로 중요시하지 않는다. 그렇기 때문에 이익의 폭도 크게 설정하지 않는다.

오히려 진정한 의미에서의 이익은 조직을 확장시킴으로써 얻을 수 있는, 또한 확대된 조직의 사람들이 활동해 얻을 수 있는 커미션(보너스)이다.

그러나 조직의 확대를 통한 이익은 하루아침에 얻을 수 있

는 것이 아니다. 짧아도 2개월에서 3개월 정도의 시간이 걸린다.

그렇게 되면 빠른 시간 안에 돈을 벌 수 있다는 생각으로 비즈니스에 뛰어든 사람 입장에서는 마음이 조급해져 사정이 달라진다. 그 결과 도중에 비즈니스를 그만두는 사람도 생기게 된다.

소매에 의한 이익이 아닌 조직의 확대에 의해 이익을 얻고자 한다면, 무엇보다도 한 곳에 정착하는 인내와 노력이 필요하다. 뿐만 아니라 처음에는 커미션 액수도 그다지 많지 않다는 사실을 알아야 한다. 커미션 지불 대상은 1단계, 혹은 2단계 아래의 조직 정도까지밖에 해당되지 않기 때문이다.

그러나 진지한 자세로 비즈니스에 뛰어든 사람의 경우 짧게는 6개월, 혹은 다소 늦은 사람일 경우라도 1년 정도 지나면 천만 원 단위의 수입을 벌어들이는 디스트리뷰터도 많이 있다.

물론 그 중 자신에게 돌아오는 순이익은 얼마 안 될지도 모른다. 그러나 진지한 자세로 비즈니스에 뛰어들어 이 만큼의 금액을 벌어들일 수 있다면 한번 도전해볼만하다는 생각도 들게 될 것이다.

네트워크 비즈니스는 자신이 활동한 만큼 즉, 노력한 만큼 수입으로 이어진다. 그런 의미에서 매우 합리적인 비즈니스라고 말할 수 있다.

처음 본업으로 비즈니스에 뛰어들 때부터 불로소득을 생각하지 않는 것이 좋다. 그런데 이 원칙을 완전히 잊어버리고 2, 3개월만 지나면 큰 돈을 벌어들일 수 있을 것이라고 생각하기 때문에 쉽게 탈락하는 디스트리뷰터가 많이 있는 것이다.

모택동이 두 번째로 들었던 희생정신에 대해서는 다른 장에서 좀더 구체적으로 다루기로 하고 여기서는 생략한다.

자신만의 비즈니스 설계도를 그리는 것이 중요하다

이제 세 번째 '의지가 강해야 한다'는 점에 대해 살펴보자.

이 말은 네트워크 비즈니스에만 해당되는 것은 아니다. 모든 비즈니스에 다 적용되는 중요한 리더십의 하나라고 할 수 있다.

무슨 일이든 일단 일을 시작하려고 결심한 이상 그 어떤 어려움이 있더라도 강한 의지를 가지고 헤쳐나가는 자세가 중요하다.

정신론적인 이야기가 될지도 모르겠지만, 처음에는 너무 오랜 기간을 설정하지 않는 것이 좋다. 일단은 3개월 단위로 구분을 짓고 실천한 뒤 1년 그리고 3년, 5년 하는 식으로 점점 기간을 늘려 계획하는 것이 좋다.

이런 식으로 자기 나름의 비즈니스 설계도를 그려보는 것이다. 그리고 그 다음 단계에 어느 정도의 사람을 조직할 것인가에 대해 대략적인 목표를 잡아나간다. 예를 들어 3개월째에는 3명, 1년째는 10명, 3년째는 50명……. 이런 식으로 말이다.

여기서 사람 수는 자신의 직속으로 일할 다운라인(down line)을 가리킨다. 이 중에서도 그 기간 동안 다운라인이 활동을 계속할 것이라고 기대할 수는 없다. 비율은 많아야 3할 정도이다.

물론 더 냉정하게 판단해 1할 정도로 계산해도 좋다. 이것은 1년 동안 10명의 다운라인을 조직한다 해도 최저 1명, 많아야 3명밖에 활동하지 않고 있다는 가상의 현실을 떠올리게 해준다. 그렇기 때문에 그에 대비할 수 있는 생활 설계를 미리 세워두는 현명함이 필요하다.

지금까지 네트워크 비즈니스의 '네' 자도 모르던 자신이 1년 후에는, 두 사람 혹은 세 사람의 비슷한 수준의 사람을 자기 조직으로 끌어들인다는 것은 생각해보면 참으로 엄청난 일이다.

그들은 단순한 술친구도 같이 노는 친구도 아니다. 실제로 같은 목표를 향해 비즈니스를 해나가는 동료(동지)이다.

이를 실현하기 위해서는 역시 강한 의지가 필요하다. 뿐만 아니라 시간과 돈, 그리

> **❝** 자신의 직속으로 일할 다운라인(down line)은 단순한 술친구도 같이 노는 친구도 아니다. 실제로 같은 목표를 향해 비즈니스를 해나가는 동료(동지)이다. **❞**

고 엄청난 에너지가 요구된다.

일반적으로 회사에서 근무하는 시간은 1주일에 44시간 정도다. 그밖에 출퇴근에 걸리는 시간이 있다. 그리고 업무적으로 거래처 사람을 만난다거나 회사 동료나 선후배와 함께 술을 마시거나 노래방에 가는 시간도 있다.

그러한 시간을 모두 합하면 대개 1주일 중 평균 60~70 시간 정도는 회사에 빼앗기는 시간이라고 볼 수 있을 것이다.

그렇다면 네트워크 비즈니스를 위해 투자한 시간은 어느 정도나 될까. 이와 같은 내용은 정확히 분석해둘 필요가 있으며, 거기에 든 비용도 산출해둘 필요가 있다. 이러한 작업도 자신의 의지를 강인하게 유지시키기 위해서는 반드시 필요하다.

그냥 심심풀이로 또는 새로운 취미 하나쯤으로 생각하는 사람은 일단 제외하더라도, 네트워크 비즈니스를 본업으로 삼거나 생계 수단으로 여기는 사람이라면 이 정도의 진지한 태도를 갖는 적극적인 자세가 필요하다.

의지라는 것은 뭔가를 마음속에 둔다는 것만으로 강해진다는 의미가 아니다. 언제, 어디서나 끊임없이 일에 대해 생각하고 동료를 생각하는, 그러한 작업을 쉬지 않고 하는 것은 결코 쉬운 일이 아니다.

반쯤 재미삼아 네트워크 비즈니스를 계속해나갈 수 있다면 이보다 더 즐거운 일은 없다. 실제로 네트워크 비즈니스 세계에서는 이와 같은 기분으로 비즈니스를 하는 사람도 적지 않다.

그러나 노후의 즐거움, 새로운 취미, 약간의 용돈을 벌자는 것이 목적인 사람과 네트워크 비즈니스를 본업으로 생각하고 필사적으로 비즈니스에 뛰어든 사람들이 갖는 의식에는 분명 차이가 있으며 시간에 대한 감각도 다르다. 그뿐 아니라 비용에 대한 의식에 대해서도 큰 차이가 있다.

팀원과 자주 대화하고, 상황을 있는 그대로 이해하라

리더는 이러한 차이를 인정하는 자세가 필요하다. 그들은 어쨌든 같은 동료로서 함께 일을 해나가는 것이므로, 리더에게 가장 큰 과제는 조직을 어떻게 이끌어나갈 것인가 하는 리더십이다.

리더는 팀원을 잘 이끌어가기 위해 조직에 소속되어 있는 사람의 의식이나 사고방식을 평상시에 잘 관찰해두는 것이 중요하다.

가능하면 많은 사람과 직접 무릎을 맞대고 대화를 나누면서 그 주변을 살펴야 한다. 그리고 각각의 팀원 의식에 따른 내용 연구회나 세미나, 간담회 등을 개최할 필요도 있다. '상황을 있는 그대로 이해하는 것'이란 바로 이런 것을 말한다.

원래 네트워크 비즈니스에 대해 거의 무지한 사람들을 상대로 하는 작업이므로, 대상이 되는 사람들의 의식 유형에 대해서도 자세하게 알아둘 필요가 있다.

이처럼 상황을 있는 그대로 인식하기 위해서는 많은 사람과

> 66 리더는 팀원을 잘 이끌어가기 위해 조직에 소속되어 있는 사람의 의식이나 사고방식을 평상시 잘 관찰해두는 것이 중요하다. 가능하면 많은 사람과 직접 무릎을 맞대고 대화를 나누면서 살펴야 한다. 99

직접 만나고 이야기하는 것이 가장 빠른 길이다. 대략적으로 알고 있는 것만 가지고는 결코 팀원의 의식을 정확하게 파악할 수 없다.

세미나나 연구회를 개최하기 전에 참석할 사람이 어떤 유형의 사람인지, 어떤 상황에 있는지를 정확히 조사해두는 노력이 중요하다.

노인층이 많으면 그들의 마음에 깊은 감동을 주는 이야기를 해줄 필요가 있으며, 젊은 층이 많을 경우에는 용기와 희망을 줄 수 있는 이야기를 해줄 수 있어야 한다.

'대중의 다수에 의존하고 대중의 호응을 얻어내기' 위해서는, 이처럼 눈에 보이지 않는 부분에서 많은 노력을 쌓아가는 것이 중요하며, 리더의 역할이라고 말할 수 있다.

네트워크 비즈니스는 궁극적으로 한 사람의 인간이 전개하는 비즈니스다. 한 사람을 어디까지 소중히 여길 수 있느냐에 따라 그 네트워크의 생존 여부가 결정된다.

그렇기 때문에 리더가 상대의 상황을 자세하게 알아둘 필요가 있다. 그 수고를 게을리 하는 리더의 조직은 일시적으로 성장할지 모르나 결국 마지막에는 뿔뿔이 흩어지고 말 것이다.

한 사람 한 사람에 대한
정성어린 접촉이 충실한 네트워크의 원동력

초보 디스트리뷰터를 무시하는 리더는 자격 미달

세미나나 연구회를 개최했을 때 강연을 하는 리더들 중에는, 바쁜 시간을 쪼개 자신의 강연을 일부러 들으러 와준 사람임에도 불구하고 불평을 하는 사람이 있다.

"오늘 모인 사람들은 수준이 낮다."

"저 사람이 와서 세미나 분위기를 다 망쳐놨다."

그러나 이런 리더는 두 번 다시 강사로 초청하지 않는 게 좋다. 왜냐하면 그 강연을 들은 상대방도 불쾌함을 느끼기는 마찬가지

였을 테니까 말이다.

주최자는 그날 참석하는 청중이 어떤 의식을 가진 사람인가를 사전에 강사에게 알려주어야 한다. 만일 그것이 어려운 상황이라면 참석자를 무시하는 말을 함부로 하는 강사는 초청하지 않는 게 좋다.

이유는 간단하다. 네트워크 비즈니스는 취급하는 제품에 관계없이 기본적으로 무지한 대중을 상대로 진행하는 비즈니스이기 때문이다. 즉, 처음부터 네트워크 비즈니스에 대해 잘 모르는 사람들이라는 얘기다.

그런 이유를 들어 불평하는 강사의 태도는 언어도단이며, 그러한 강사는 네트워크 비즈니스에 종사할 자격도 없다고 해도 과언이 아니다.

그리고 그런 강사들은 대부분 상대의 의식 정도에 맞는 강연 내용은 물론 대화를 이끌어낼 줄도 모른다. 다시 말해서 언제, 어느 세미나나 연구회장에 가든지 한 가지 유형으로밖에 이야기할 줄 모르는 사람이다.

그렇기 때문에 주최자는 이 점을 유의해 한 번 정도는 초청해도 괜찮겠지만, 2회나 3회 등 강연을 거듭하면 할수록 신선미를 잃게 된다는 사실을 알아야 한다.

자칫 회합에 따라온 디스트리뷰터가 졸게 되는 상황까지 벌어질 수 있다. '뭐야, 또 저 얘기야'하는 생각을 하기 때문이다.

이쯤 되면 세미나나 연구회가 원하는 만큼

> 네트워크 비즈니스에 대해 잘 모르는 사람들이라는 이유를 들어 불평하는 태도는 언어도단이며, 그러한 강사는 네트워크 비즈니스에 종사할 자격도 없다고 해도 과언이 아니다.

성공을 거둘 수 없다. 왠지 모르게 가라앉은 분위기가 강연장을 지배하고, 또한 강연을

듣는 사람들도 지루함을 느껴 흥미를 잃는 것은 당연하다. 하물며 강사가 청중을 무시하는 말을 내뱉게 된다면 분노를 참지 못하고 나가는 사람까지 생기게 될 것이다.

따라서 회합을 가질 경우에는 참석해준 사람이 좋은 기분으로 돌아갈 수 있도록 아이디어를 짜낼 필요가 있다. 참가비는 데려온 사람이 부담할지 모르겠지만, 그것만으로는 참석한 사람에 대한 감사의 마음을 충분히 전달하기 어렵다.

또한 네트워크 비즈니스에 관한 책이 나오게 되면 그 책을 선물하고, 혹은 선전용으로 나온 제품이 있다면 네트워크 비즈니스를 하고자 하는 사람에게 그것을 제공하는 투자도 필요하다.

그러나 그 무엇보다도 중요한 것은 따뜻하게 말을 걸어주는 것이다. '오는 정이 있어야 가는 정이 있다'는 속담이 있듯이, 네트워크 비즈니스는 마음과 마음이 교감이 있는 비즈니스라는 사실을 결코 잊어서는 안 된다.

무지한 대중의 마음을 헤아려라

어떤 사소한 질문 하나에 대해서도 매우 친절하게, 그리고 정중하게 대답해준다. 초보적인 질문에 대해서는 하나 하나 자상하게 알려주어야 한다. 이 정도 인내심도 없는 사람이라면 네트워

크 비즈니스를 계속 해나갈 자격이 없다.

다른 사람을 잘 돌봐주고 배려할 줄 아는 사람에게는 많은 사람들이 따르기 마련이다. 특히 오늘날처럼 각박한 세상에서는 그런 사람에 대한 신망이 갈수록 높아지고 있고, 결국 그것이 조직의 확대로 직결되고 있다.

필자가 아는 사람 중에는 비록 단 한 번 만난 사람일지라도 그 이름을 기억하는 리더가 있다. 마침 그 상대방이 2개월 후에 개최된 연구회에 다시 얼굴을 내밀게 되었다. 그런데 그날의 강사를 맡은 사람이 바로 그 리더였다.

그 리더는 자신의 강연이 끝나자마자 그 사람의 자리로 다가가 "○○씨, 잘 오셨습니다"하는 이 한 마디를 건넸다. 그리고 리더의 이 한 마디 인사말에 상대는 다운라인으로 등록했다고 한다.

그때 등록한 사람의 이야기를 들어보니, "강연 내용은 잘 이해할 수 없었지만, 이런 멋진 사람이 하는 일이라면 나도 한번 해보고 싶다는 생각이 들었습니다" 하는 것이었다.

이것이 바로 네트워크 비즈니스다. 네트워크 비즈니스의 진정한 핵심은 바로 상대의 마음을 헤아려 배려할줄 아는 부분에 있다는 것을 잊어서는 안 된다.

서로 마음과 마음의 교감만 있다면 설득도 단결도 결코 어려운 일이 아니며, 또한 고무되는 것도 한순간의 일이다. 이러한 일들이 가능해질 때 비로소 조직이 전진해나갈 수 있다.

자신을 대신할
차세대 리더를 키우는 일에도 요령이 있다

간부를 애호하는 일 즉, 사랑하고 보호하는 방법은 이렇다.

첫째, 그들을 지도한다. 그리고 그들에게 어느 날 갑자기 활동을 시키고 책임을 맡기는 것이다. 그와 동시에 적당히 지시를 내리고, 그들이 당의 정치 노선을 바탕으로 그 창조성을 발휘할 수 있도록 한다.

둘째, 그들을 향상시킨다. 이것은 학습 기회를 주고 그들을 교육하여, 이론면에서나 활동 능력면에서도 한층 더 향상시키는 것이다.

셋째, 그들의 활동을 점검하여 그들이 경험을 총괄하고 성과를 높이며 잘못된 부분을 시정하도록 돕는다. 임무를 위임하기만 하고 점검을 하지 않다가 중대한 과오를 범한 다음에야 비로소 주의하는 것은 간부를 애호하는 방법이 아니다.

넷째, 과오를 범한 간부에 대해서는 일반적으로 설득 방법을 이용하여 그들이 또 다시 과오를 범하지 않도록 돕는다. 중대한 과실을 범하고서도 지도를 받아들이지 않는 사람들에게만 투쟁 방법을 이용해야 한다. 여기에는 인내심이 필요하다. 경솔하

꾸짖거나 호통 치는 것은 절대 금물

네트워크 비즈니스는 혼자 힘만으로 결코 성공할 수 없다. 서서히 앞으로 나아가며 조직을 확대하고, 그 내용을 충실히 하기 위해서는 하루라도 빨리 자신을 대신할 만한 힘을 가진 보조 리더를 키워야 한다.

그러기 위해서는 모택동의 말처럼 간부를 애호할 필요가 있다. 즉, 키운다는 것은 바꿔 말하면 애호라고 할 수 있다.

모택동은 그 구체적인 리더십 내용을 제시해주고 있다.

첫째, '지도'이다. 여기서 말하는 지도는 어느 한 곳에 앉혀놓고 무언가를 계속 가르치는 것이 아니다. 그보다는 실천 즉, 최전선인 현장에서 싸우도록 하는 것이라고 모택동은 말한다.

물론 책임을 지도록 하는 것이 조건이다. 책임을 지게 하지 않고 단순히 어떤 일을 하도록 하는 것은 혼란만 초래할 뿐 원래의 목적에서 벗어나고 만다.

그리고 지시를 내릴 때에도 기분 좋게 할 수 있도록 시킨다. 허용 범위에 대해서만큼은 사전에 확실히 가르칠 필요가 있다. 그러나 가르친다는 것은 가능하면 거기까지가 좋다.

이러한 실천적 지도를 통해 중국 공산당은 모택동이 없는 전투에서도 싸워서 이길 수가 있었다. 그리고 서서히 그 지배 지역을 넓혀 나갔다. 물론 그 과정에서 실패나 실수가 수없이 많았던 것도 사실이다.

그러나 그런 상황에서도 곧바로 꾸짖어서는 안 된다. 그래서 두 번째 '향상'이라는 문제가 나오게 된다.

그러한 실수를 범했을 때, 그 자리에서 반성하도록 하는 성급한 행동은 하지 않는 것이 좋다. 우선은 자신의 머리로 생각할 수 있도록 한다. 그리고 무엇이 어떻게 잘못했는가를 자기 나름대로 분석하도록 한다. 이와 같이 인내심을 가지고 지켜보면 아주 어리석은 사람이 아닌 이상은 분발하게 되어 있다.

그리고 어떤 일을 맡기면 그 일의 진행 상황을 가끔씩 '점검'해줄 필요가 있다. 이 말은 모택동이 세 번째로 주장하는 자세로, 일을 맡은 사람의 입장에서 보면 맡긴 사람이 자신을 걱정해주고 있는지에 대해 많은 신경을 쓴다.

그 기대에 리더는 부응해주어야 한다. 가끔 말을 걸어주는 것도 그러한 예이며, 잘못된 방향으로 가려고 할 경우 올바른 길로 갈 수 있도록 유도해준다. 잘못을 저지르기 전에 그것을 미리 예측하고 바른 방향으로 유도해주거나 앞에서 이끌어준다면 실패나 실수를 얼마든지 막을 수 있다. 그것이 바로 팀원을 사랑하고 보호하는 리더의 애호정신이다.

> 잘못을 저지르기 전에 그것을 미리 예측하고 바른 방향으로 유도해주거나 앞에서 이끌어준다면 실패나 실수를 얼마든지 막을 수 있다. 그것이 바로 팀원을 사랑하고 보호하는 리더의 애호정신이다.

그렇지만 역시 사람인지라 본의 아니게 실수를 저지르는 경우가 있다. 그런 경우에도 참을성 있게 설득하도록 한다. 결코 꾸짖거나 호통을 쳐서는 안 된다.

자신이 머리로 실수를 저지른 원인에 대해 생각하도록 하고, 그래도 그 이유를 찾아내지 못할 경우에 한해 조금 도와줄 필요가 있다. 그리고 다시 기다리는 것이다.

이와 같은 배려를 충분히 아끼지 않았는데도 고치지 못할 경우에 한해서는 꾸짖을 필요가 있다. 그것도 감정에 따라서가 아니라 이성적으로 차분히 지적해주는 것이 중요하다.

'몇 번씩 얘기해야 알아듣겠느냐?', '당신한테 이제 질렸다'라는 식의 말로 상대방의 자존심을 건드리는 말을 내뱉어서는 결코 안 된다.

모택동이 네 번째에서 '인내심'이라는 표현을 쓰고 있듯이, 이 단계에 가서도 차분히 마음을 가라앉히고 이성적으로 행동하는 것이 중요하다.

접근 방법에 강약을 조절하라

이러한 네 가지 자세에 대한 일련의 지도 육성과 함께 또 한 가지 잊어서는 안 되는 것이 있다. 바로 네 가지 자세 이외의 부분에 대한 인간적인 보살핌이다. 그것이 다섯 번째 제시한 '곤란함을 배려한다'에 해당된다.

여기서 말하고 있는 것은 모두 비즈니스에 임하는 자세, 방법, 의욕 등에 강한 영향을 미친다. 가정이 화목하지 못하면 일에 열중하기 어렵다. 뿐만 아니라 건강이 좋지 않을 때 역시 일에 쏟을 수 있는 에너지를 잃고 만다.

따라서 리더에게 요구되는 것은 팀원의 곤란한 점에 대해, 다른 사람의 입을 통해 알기 전에 미리 세심하게 보살펴줄 수 있는 따뜻한 인간적인 관심이 필요하다.

얼굴색이나 자세, 걸음걸이나 말투 등 인간의 내면에 존재하고 있는 근심이나 불안은 반드시 겉으로 표현되기 마련이다.

몸과 마음이 모두 편할 때 인간은 자연히 바른 자세를 갖게 되고, 얼굴에도 화색이 돌게 되며, 말하는 목소리에서도 어딘지 모르게 힘이 느껴진다.

이러한 최상의 상태와 비교하면서 팀원의 심신 상태를 매일 살피고, 그때의 상태에 따라 적절한 말로 관심을 보여주면 믿음직스런 리더로 생각함은 물론 자신도 모르게 힘이 솟을 것이다.

에너지가 넘칠 때나 없을 때나 항상 똑같은 태도로 팀원을 대한다면 그 사람은 리더로서 실격이라고 볼 수밖에 없다.

물론 네트워크 비즈니스인 이상 팀원들 간에 서로 돈 거래를 하는 일도 엄히 처벌해야 한다. 네트워크 비즈니스는 상호 부조를 위한 것이 아니기 때문이다.

문제는 그러한 물질적 원조가 부족하다는 데 있는 것이 아니다. 어디까지나 정신적·심적인 면을 잘 살피고 게을리 하지 않는 데 있다. 네트워크 비즈니스가 사람과 사람의 마음의 교감이라고 하는 것은 바로 이러한 점에 있다.

1 더하기 1이 4나 5가 되는 것이 네트워크 비즈니스

이와 관련하여 모택동은 다음과 같은 말을 남기고 있다.

"간부를 잘 식별할 것. 어느 시기, 어떤 일을 통해서만 간부를 보지 말고, 간부의 경력 전체 및 활동 전체를 봐야 한다. 이것이 간부를 식별하는 주요 방법이다."(1938년 10월)

다시 말해서 순간순간만으로 간부의 능력을 판단하거나 의식을 추측해서는 안 된다는 얘기다. 요소요소에서 간부를 정확히 관찰해두면 정확한 시점에서 정확한 이야기를 해줄 수가 있다.

그러한 상황이 자연스럽게 만들어질 수 있도록 리더는 의식적으로 자신을 훈련시키는 것이 중요하다. 그것이 가능해지면 다음 단계의 일들도 실행할 수 있게 된다.

> 지도자의 책임은 의견을 내는 일과 간부를 활용하는 일, 이 두 가지로 요약할 수 있다. 계획, 결의, 명령, 지시 등은 모두 '의견을 내는 일'에 속한다. 이러한 의견이 실행되기 위해서는 간부들이 단결할 수 있도록 돕고 그들이 움직이도록 만들어야 한다. 이것이 '간부를 활용하는 것'이다.

"간부를 잘 다루는 일. 지도자의 책임은 결국 주로 의견을 내는 일과 간부를 활용하는 일, 이 두 가지로 요약할 수 있다. 계획,

결의, 명령, 지시 등은 모두 '의견을 내는 일'에 속한다. 이러한 의견이 실행되기 위해서는 간부들이 단결할 수 있도록 돕고 그

들이 움직이도록 만들어야 한다. 이것이 '간부를 활용하는 것'이다."(1938년 10월).

한 사람 한 사람 간부의 의식 상태 혹은 건강 상태에서의 마음의 동요, 나아가서는 능력까지 정확히 파악할 수 있게 되면 조직은 강력한 힘을 가지게 된다.

이 경우 1 더하기 1이 2가 되는 것이 아니라 3이나 4, 경우에 따라서는 5나 6까지도 될 수 있다. 그것이 네트워크 비즈니스의 큰 특징이다.

한 사람 한 사람의 능력에는 한계가 있다. 그렇지만 그것이 개인과 힘을 합쳐 두 사람 이상의 힘을 발휘하는 경우가 있다. 이때의 조직은 전체적으로 강한 느낌을 준다. 그리고 그 조직 안에 있는 것만으로도 행복감을 느끼는 것이다.

그렇게 되면 비즈니스에 대한 태도가 바뀌면서, '그래, 나도 지금보다 더 노력해야지', '좋아, 내가 설정한 목표를 한번 달성해보자'라는 식으로 생각이 긍정적으로 바뀐다.

지금까지는 시키는 것 이외에는 하지 않았던 사람이 타인과의 단결을 통해 의식이 바뀌고, 지금까지 해왔던 그 이상의 힘을 발휘하게 되면서 얻어진 결과이다. 이것이야말로 네트워크 비즈니스의 묘미라고 할 수 있겠다.

리더의 중요한 직무는
화기애애한 분위기를 만들어낼 줄 아는 것이다

가끔은 식사나 술을 함께 하는 것도 하나의 문화다

여기서 말하는 '문화'란 무엇인가. 이 문제에 대해 논하기로 하면 끝이 없으므로 깊이 다루지는 않겠다. 하지만 가끔 식사를 함께 하는 것도 하나의 문화라고 생각하면 된다.

요컨대 식사뿐 아니라 그 이외의 분야에서도 가끔씩 시간을 함께 보내는 것도 문화를 의미하는 것이기 때문이다.

모택동이 이끄는 사회주의 혁명 운동도 기나긴 여정 가운데 그러한 장면이 여러 번 있었다. 그리고 그런 경험이 사람들의 마음 깊은 곳에 좋은 기억으로 남아 사회주의라는 사상을 위해, 또는 그 사상을 이끄는 모택동을 위해라는 생각을 증폭시켰던 것이다.

그래서 문화가 없는 군대(=집단, 조직)는 '우둔'하다고 모택동은 단언하고 있다.

필자가 강연에 초청받았을 때 느낀 점이지만, 그룹에 따라서는 강연이 끝나자마자 자리를 박차고 나가 해산하는 팀이 있는가 하면, 간담회 자리를 마련하고 있는 팀도 있었다.

각자 부담으로 마련한 조촐한 식사를 함께 나누는 것이 전부였으나 참가자의 표정은 모두들 밝았다. 이런 그룹이라면 그 어떤 경우에도 단결할 수 있겠구나 하는 깊은 인상을 받았다.

실제로 그러한 그룹의 조직은 날마다, 또는 시간이 흐르면 흐를수록 크게 발전하고 있다는 느낌이 든다.

> '문화'라는 것이 결코 큰 것을 의미하는 것은 아니다. 식사를 같이 하는, 경우에 따라서는 가볍게 술 한 잔씩 주고받는 정도의 수준이다. 그런 분위기 속에서 평소에 말하지 못했던 진심을 말하기도 하고, 그룹의 어떤 사람이 무슨 일 때문에 고민하고 있다는 사실 등의 정보를 얻게 된다.

'문화'라는 것이 결코 큰 것을 의미하는 것은 아니다. 기껏해야 식사를 같이 하는, 경우에 따라서는 아주 가볍게 술 한 잔씩 주고받는 정도의 수준이다.

하지만 그런 분위기 속에서 평소에 말하지 못했던 진심을 말하기도 하고, 그룹의 어떤 사람이 무슨 일 때문에 고민하고 있다는 사실 등의 정보를 얻게 되기도 한다.

또 어떤 경우에는 누가 지금 어떤 어려움에 부딪히고 있는가? 최근 모습이 보이지 않는 아무개는 지금 어떤 상황에 처해있다는 등의 귀중한 정보도 얻을 수가 있다.

다시 말해 어떤 사람이 알지 못하는 것을 다른 사람이 알고 있는 경우 등 마음의 벽을 허물었을 때 나누는 대화는 진솔하기 때문에 100% 믿을 수가 있다. 모택동도 이러한 인간의 미묘한 심리를 잘 알고 활용했던 것 같다.

물론 무슨 일이 있을 때마다 함께 식사를 하거나 술을 마시라고 하는 것은 아니다. 만약 이런 분위기가 그룹 내에 확산된다면 단순히 사이좋은 친목 단체일 뿐 그 이상은 아무것도 아니다.

그러나 2, 3회에 한 번쯤은 그런 자리를 의식적으로 마련하는 것도 나쁘지 않다. 그리고 가끔씩 맛있는 음식을 참가자들에게 대접하는 생색내기도 될 뿐 아니라, 참가자들도 이 자리를 통해 새로운 정보를 얻을 수 있어 기뻐할 것이다.

이처럼 그룹의 결속을 다지기 위한 가벼운 미팅을 자주 마련하는 것이 일에 대한 정열을 높여주는데 큰 역할을 해주는 것은 부인할 수 없는 사실이다.

좋은 조직에는 좋은 사람이 많이 모여든다

다시 한 번 강조하지만, 네트워크 비즈니스는 사람과 사람의 마음이 통할 때 비로소 가능한 비즈니스다. 비록 비즈니스라는 말을 이용하고는 있지만, 실제로는 생활 공동체에 가까운 성격을 띠고 있다.

숙식을 같이 하는 것은 아니지만 심정적으로는 그와 조금도 다를 바가 없을 만큼 조직의 단결력은 강하다. 뿐만 아니라 무슨 일이 일어났을 때도 반응이 빠르다. 그것은 오로지 정보가 빨리 전달되기 때문이다.

정보는 혼자 소유하고 있으면 조직에 별 도움이 안 된다. 특히 네트워크 비즈니스의 경우에는, 그룹의 리더가 어떤 다양한 정보를 공유하느냐에 따라 그 발전 속도가 달라진다.

정보가 활성화되고 전달 속도가 빠른 조직은 항상 생동감 있게 움직이고 호흡하기 때문에 그룹에 소속되어 있으면 기분이 좋다.

그리고 그것이 한 사람 한 사람의 의욕을 높이는데 일조하게 되며, 사소한 문제 하나라도 소홀히 해서는 안 된다는 일종의 긴장감을 만들어줘 개개인의 의식을 더욱 높여주는 결과를 낳는다.

이렇게 될 경우 조직 전체에 미치는 영향은 모든 것이 좋은 방향으로 흘러가게 되어 있다. 좋은 조직에는 좋은 사람이 더 많이 모여드는 것이 세상 이치이기 때문이다.

조직의 좋은 흐름을 실현하기 위해서라도 좋은 '문화' 활동은 매우 가치가 있다. 비록 최신식 기계라 할지라도 가끔씩 기름을 쳐주지 않으면 원활하게 움직여주지 않는 것이다.

이처럼 조직의 '문화'라는 것도 어찌 생각하면 조직이라는 톱니바퀴에 필요한 윤활유와 같은 것인지도 모른다.

제3장

교육

끊임없이 학습하고 교육하라

소수에게 학습과 교육을
집중적으로 실천하는 네트워크는 성공한다

건강식품과 영양보조식품 관련 비즈니스는 학습이 중요

네트워크를 확대해나가는데 가장 필요한 것은 교육이다. 그런데 비즈니스를 하는 사람 중에는 교육을 별로 중요시하지 않는 리더가 많다는 사실에 필자는 늘 놀라고 있다.

특히 돈만 버는 측면만을 중시하고 있는 리더에게서 그러한 경향을 더욱 뚜렷하게 발견할 수 있다. 네트워크 비즈니스로 돈을 벌 수 있다는 것은 분명 큰 매력이다. 그것은 기하급수적으로 수입이 늘기 때문이다.

그 이유는 자신의 바로 밑 단계에서 현재 활동하고 있는 디스트리뷰터의 사람 수로 수입이 결정되기 때문이다. 그렇기 때문에 어느 수준까지는 머리 속으로 계산이 가능하지만 나중에는 도저히 그 계산이 불가능해진다. 반대로 말하면 그 정도로 실수입이 증가한다는 얘기다.

그러나 사실 이 수입보다 더 중요한 것은 교육이다. 그것도 제품에 대한 교육이 가장 중요하다. 왜냐하면, 제품이 우수한 네트워크 비즈니스의 경우 그 우수성을 어떻게 전달하느냐가 조직을 활성화시키고 확대시키는 가장 큰 비결이기 때문이다.

오직 돈만 버는 것을 강조하는 리더는 대개 제품에 대한 대략적인 지식 외에는 아는 바가 없다. 그렇기 때문에 카탈로그에 적힌 어느 정도의 내용 외에는 설명이 불가능하다.

> 66 수입보다 더 중요한 것은 교육이다. 그것도 제품에 대한 교육이 가장 중요하다. 왜냐하면, 원래부터 제품이 우수한 네트워크 비즈니스의 경우 그 우수성을 어떻게 전달하느냐가 조직을 활성화시키고 확대시키는 가장 큰 비결이기 때문이다. 99

그 중에는 카탈로그에 설명되어 있는 것조차 제대로 디스트리뷰터에게 전달하지 못하는 리더도 있다. 그러면서도 오직 '돈을 벌 수 있다'는 측면만을 강조한다.

하지만 네트워크 비즈니스에서 성공한 사람들이 하나같이 입을 모아 강조하는 것은 제품에 대한 이해도의 중요성이다.

처음 제품을 접한 사람의 경우 여러 가지 질문을 던지는 경우가 많다. 그것도 미리 준비한 범위 내에서 질문을 할 경우에는 다행이지만, 미처 준비되지 않는 제품 정보에 대한 질문이나 생각하지도 못한 각도에서 난해한 질문을 하는 경우도 적지 않다.

따라서 리더는 만약의 경우를 대비해 모집 활동 이외의 시간을 아낌없이 학습에 투자해야 할 필요가 있다.

그 학습 시간 중에는 사람을 가르치는 일도 포함된다. 그 어떤 학습 방법보다 이 방법을 통해 조직의 힘을 가장 강하게 할 수 있기 때문이다. 이때 중요한 것은 너무 많은 사람을 모아놓고 교육해서는 안 된다는 것이다.

모택동도 강조하고 있듯이, 단위는 몇 명에서 많으면 수십 명 정도가 적당하다. 또한 각각의 사람 의식이나 능력을 거의 비슷한 수준에 맞추는 것이 좋다. 가능하다면 의식이나 능력의 수준에 따라 그룹을 편성하는 것이 제일 좋은 방법이다. 특히 이러한 학습이 필요한 것은 건강식품이나 영양보조식품 관련 비즈니스 등이다.

필자가 알고 있는 어느 건강식품의 디스트리뷰터는 의학박사가 무색할 정도로 열심히 공부하고 있다. 나는 그의 책꽂이에 꽂혀 있는 책들을 보고 무척 놀랐다.

현재 서점에서 판매되고 있는 건강 관련 서적들이 빼곡히 꽂혀 있었을 뿐 아니라, 그 책들 중에는 중요한 부분을 쉽게 찾을 수 있도록 끼워진 작은 종이에 간단한 메모가 되어 있었다.

그는 경우에 따라서는 3, 4번 정도 통독한 책도 있다고 했다. 또한 책꽂이 구석에 한 권에 몇 십 만원씩이나 하는 고가의 의학 사전까지 꽂혀 있는 것을 보고 나는 입을 다물 수가 없었다.

건강식품 종류의 제품은 반복 수요가 승부를 결정한다. 그러므로 비즈니스에 참여하는 사람을 늘리는 것도 중요하지만, 애용자를 늘리는 것은 더더욱 중요하다.

> 학습이라는 것을 가볍게 생각해서는 안 된다. 단순히 교재만 나눠주는 것으로 충분하다고 생각하는 것은 곤란하다. 필요한 것은 교재를 바탕으로 서로 질의응답을 하면서 확실하게 법에 저촉되지 않는 답을 만들어내도록 훈련하는 것이다.

그러한 사람들을 상대로 제품을 설명하기 위해서는 제품이 개발된 배경에 대해서도 잘 알아두어야 한다. 그저 단순한 제품 설명이라면 카탈로그에 나와 있는 정도로도 충분할 것이다.

그렇지만 그 정도로는 다양한 매체를 통해 온갖 정보를 접하고 있는 현대인들에게 절대 통하지 않는다. 건강 서적이나 TV, 신문, 잡지 등을 통해 웬만한 의학 상식이나 건강 정보에 대해 다 알고 있기 때문이다.

교재를 나눠주는 것만으로 끝나는 것은 학습이 아니다

네트워크 비즈니스에 참여하는 사람을 늘리거나 다운라인의 수준을 높이고자 하는 경우에도 마찬가지다. 더욱이 각 나라에는 약사법이 존재하고 있다.

경솔하게 '나았다'거나 '좋아졌다'는 말을 사용하거나, 약이 전혀 필요 없는 제품이라는 생각이 들도록 하는 설명 방법은 약사법 위반으로 걸리게 되어 있다.

이처럼 어떤 연구회나 설명회에서 '아주 좋은 효과를 봤다'던가 '암을 고쳤다' 등의 말을 넣은 문서를 자신이 마음대로 만들어 대량 유포하고 있는 주최자가 자주 있는데, 이것은 매우 위험한 비즈니스라고 할 수 있다.

이러한 예는 비단 건강식품에 관련된 이야기만이 아니다. 이불이나 침대, 정수기 등 내구소비재의 경우도 마찬가지다.

이들에게 공통된 것은 모두 건강과 관련되어 있다는 사실이다. 건강을 테마로 한 제품의 장점을 애용자에게 전달할 경우, 특히 그러한 점에 주의할 필요가 있다.

학습이라는 것을 가볍게 생각해서는 안 된다. 단순히 교재만 나눠주는 것으로 충분하다고 생각하는 것은 곤란하다. 필요한 것은 교재를 바탕으로 서로 질의응답을 하면서 확실하게 법에 저촉되지 않는 답을 만들어내도록 훈련하는 것이다.

그렇게 하기 위해서는 때때로 의사나 또는 기타 관련 분야의 전문가를 초빙하여 강의를 듣는 것도 큰 도움이 된다.

정보의 교환과 공유를 통해
한 사람 한 사람의 힘을 키우도록 배려한다

마음을 열고 나누는 대화 속에 귀중한 정보가 담겨 있다

'군사 훈련'하면 어딘가 모르게 딱딱한 느낌이 든다. 그러나 여기서는 네트워크(조직) 편성쯤으로 해석하는 것이 좋겠다.

당신이 비즈니스에 참여하고 있는 디스트리뷰터라면, 비즈니스에 직접 참여시킨 후배가 있을 것이다. 이 경우 당신을 '상관', 후배를 '병사'의 위치에 둔다. 단, 후배의 경우 어느 정도의 경험을 가진 사람이라고 생각하자.

앞에서도 학습과 교육의 필요성에 대해 이야기했지만, 교육의 본질은 가르치고 가르침을 받는 쌍방향성에 있다. 그리고 모택동의 위대한 점은, 쌍방향성의 가르침을 받는 사람들끼리의 상호 학습이 더해진다는 데에 있다.

네트워크 비즈니스의 학습이나 교육은 역사나 지리를 배우는 것과는 다르다. 가르치는 사람이나 배우는 사람 모두 그만큼 경험이 풍부하지 않다는 얘기다. 극단적으로 말하자면 양쪽이 거의 초심자와 같다고 할 수 있겠다. 다만 먼저 리크루트 활동을 시작한 사람이 경험면에서 약간 앞서는 정도이다.

그러므로 자신의 경험을 서로 이야기하고 나누는 것이 학습에 효과를 줄 수 있는 방법이다. 한 사람의 경험만으로는 아무래도 한계가 있기 때문에 다른 사람의 경험을 습득함으로써 자신의 경험과 같은 것으로 받아들일 수 있는 것이다.

그리고 그보다 더 중요한 것은 '병사'가 서로에게서 배운다는 점이다. 신인 디스트리뷰터의 경우 여러 가지 어려운 문제에 직면한다. 그렇지만 그 해결책은 분명 어딘가에 숨어 있다. 그것을 이끌어낼 수 있도록 '상관'은 지혜를 짜내야 한다.

그러기 위해서는 디스트리뷰터 간의 간담회 등을 꾸준히 개최할 필요가 있다. 이 경우 사람 수가 적으면 적을수록 효과도 더 크다. 딱딱한 책상이나 회의 탁자를 사이에 두고 이야기를 나누게 되면, 표면적인 말만 하다가 끝나버릴 염려가 있기 때문이다.

문자 그대로 무릎을 맞대고 이야기를 나눌 수 있는 모임을 만들어주는 것이 바람직하다. 그러한 장소 연출에도 머리를 짜낼 줄 아는 것이 '상관'의 배려라는 것이다.

긴장을 풀 수 있는 장소라면 마음속의 이야기를 서로 허심탄회

> '정보를 서로 교환하라.' 당위원회의 위원들은 각자 자신들이 알고 있는 상황을 서로에게 통지하고 교류한다. 이것은 공통 언어를 갖는 것 이상으로 중요하다. 일부에서는 그렇게 하지 않고 노자가 말한 '가까이 살면서도 늙어죽을 때까지 서로 왕래하지 않는' 사람들도 있다. 그 결과 서로 간에 공통 언어를 찾을 수 없게 된다.

하게 나눌 수 있다. 모든 일이 다 그렇지만 마음을 열고 나누는 대화 속에 중요한 정보는 숨어 있는 것이다.

모택동은 다음과 같은 말도 남겼다.

"'정보를 서로 교환하라.' 당위원회의 위원들은 각자 자신들이 알고 있는 상황을 서로에게 통지하고 교류한다. 이것은 공통 언어를 갖는 것 이상으로 중요하다. 일부에서는 그렇게 하지 않고 노자가 말한 '개와 닭 울음소리는 들리건만, 어찌 사람은 가까이 살면서도 늙어죽을 때까지 서로 왕래하지 않는' 사람들도 있다. 그 결과 서로 간에 공통 언어를 찾을 수 없게 된다."(1949년 3월).

그것도 인연이 있어 같은 비즈니스에 종사하는 사람들끼리 말이다. 서로가 가지고 있는 정보를 교환함으로써 서로의 능력을 고양시킬 수 있는 기회를 놓쳐서는 안 된다. 또한 그러한 기회를 더 많이 갖도록 노력하는 일도 중요하다.

네트워크 비즈니스에
완벽한 프로가 없다는 사실을 쟈각하라

이해할 수 없는 일이나 알지 못하는 일은 해서는 안 된다. 너무 쉽게 찬성이나 반대 의사를 표시하지 말고 부하에게 질문하라. …… 절대로 알지 못하면서 아는 척하지 말라. '아랫사람에게 질문하는 것을 부끄러워하지 말 것'을 명심하고, 부하의 의견에 귀를 기울이는 일을 소홀히 해서는 안 된다.

먼저 그의 제자가 되고 그리고 나서 선생이 된다. 먼저 부하에게 가르침을 청하고 그 이후에 명령을 내린다. …… 부하의 의견에는 옳은 것도 옳지 못한 것도 있으므로, 듣고 난 이후에는 분석을 해볼 필요가 있다.

바른 의견에 반드시 귀를 기울이고 그대로 실행해야 한다. 부하에게서 나오는 잘못된 의견도 들어줄 줄 알아야 하고, 머리에서 들으려 하지 않는 것은 바람직하지 않다. 다만 이야기는 듣되 이를 전부 다 실행해서는 안 되며 동시에 비판할 줄도 알아야 한다.(1949년 3월)

나 이외의 모든 사람이 다 스승이다

여기서는 학습의 본질을 아주 정확히 꿰뚫고 있다.

네트워크 비즈니스도 어느 정도 경험이 쌓이면 뭐든지 다 아는 것 같은 생각이 든다. 그러나 사실은 거기에 큰 함정이 있다.

그러나 진정한 의미의 네트워크 비즈니스 프로는 아직 손에 꼽을 정도이다. 우선 3년 정도의 경험으로 거액의 수입을 거둬들였다 해도 특별한 사람이 아닌 이상 네트워크 비즈니스의 모든 것을 알고 있다고 말할 수는 없다.

어느 특정 제품에 대해 성공을 거둔 사람일지라도 다른 제품을 취급했을 경우를 생각해 본다면 반드시 성공한다는 보장은 없다.

그래서 새로운 비즈니스가 재미있는 것이 아닐까. 즉, 다른 제품의 경우 경험도 지식도 거의 없는 신인 디스트리뷰터가 짧은 기간 동안에 조직을 확대시킬 수 있기 때문이다.

한 네트워크 비즈니스의 예를 들어보자.

지금까지 판매해오던 거액의 내구성 상품을 전혀 팔지 못하던 디스트리뷰터가 있었다. 그런데 그 회사에서 화장품을 취급하게 되자 그가 완전히 다른 사람이 된 것처럼 활약하기 시작했다.

그가 여성이었다면 그래도 이해가 될 것이다. 그러나 그는 여성이 아닌 남성으로, 그것도 중년을 넘긴 남성이었다. 주위 사람들은 의아하게 여겼지만, 사람은 누구에게나 자신에게 잘 맞는 일이 있고 잘 맞지 않은 일이 있는 법이다.

이렇게 되면 '상관'과 '병사'의 입장이 순식간에 역전되고 만다.

> 언제, 어떤 상황에서라도 부하 직원의 의견에 겸허하게 귀를 기울일 줄 아는 것이 리더의 바른 태도다. 거기에는 자신에게도 교훈이 될 만한 정보가 있게 마련이다.

그러나 이러한 일은 네트워크 비즈니스에서는 드문 일이 아니라 흔히 일어나는 일이다. 그러므로 지금 현재 다른 디스트리뷰터보다 높은 위치에 있고, 나름대로 수입도 많이 올린다고 해서 자기 밑에 있는 디스트리뷰터를 바보 취급하거나 무시해서는 안 된다.

언제, 어떤 상황에서라도 부하 직원의 의견에 겸허하게 귀를 기울일 줄 아는 것이 리더의 바른 태도다. 거기에는 반드시 자신에게도 교훈이 될 만한 정보가 있게 마련이다.

작가 요시카와 에지(吉川英治)는 '나 이외의 모든 사람이 스승'이라는 말을 남겼다. 이러한 자세를 잊지 말아야 할 것이다.

네트워크 비즈니스는 항상 배우는 자세로 임해야 한다

어느 정도 비즈니스에 대한 경험이 쌓이게 되면 가끔은 뭐든지 다 아는 척을 해보고 싶어진다. 그러나 이와 같은 자세는 엄히 경계해야 한다.

네트워크 비즈니스에서는 선배 디스트리뷰터가 한 얘기 전부가 토씨 하나 틀리지 않고 그대로 여러 사람에게 전달되는 일이 흔하다. 특히 신인 디스트리뷰터의 경우 앞으로 모집하게 될 상대나 애용자가 될 사람에게, 특히 리더들에게 들은 얘기를 그대로 전달하는 경우가 대부분이다.

그렇게 되면 아는 척하고 내뱉은 말들이 자신도 모르는 사이에 많은 사람들에게 전달되게 된다. 이런 경우 당황해서 사태를 수습해보려고 하지만 이미 때가 늦어 낭패를 보는 경우가 많다.

이런 사태가 일어나지 않도록 하기 위해서라도 모르는 것에 대해서는, "제가 잘 모르니 알아보도록 하겠습니다"라는 식으로 겸허히 대응하는 것이 좋다.

오히려 항상 배우는 사람은 '나'라는 자각을 갖고 임하는 것이 바람직하다. 실제로 비즈니스 경력이 몇 년 되었다고 해도 네트워크 비즈니스에서는 아직 배워야 할 것들이 많다.

그러한 겸허한 자세를 보여줄 줄 아는 리더가 비즈니스를 오래 지속할 수 있으며, 다운라인의 두터운 신뢰를 받을 수 있다. 이러한 신뢰야말로 네트워크를 강하게 만드는 가장 큰 비결이다.

> 항상 배우는 사람은 '나'라는 자각을 갖고 임하는 것이 바람직하다. 겸허한 자세를 보여줄 줄 아는 리더가 비즈니스를 오래 지속할 수 있으며, 다운라인의 두터운 신뢰도 받을 수 있다.

책이나 세미나를 잘 활용할 줄 아는 리더는
조직의 충실도나 확대도 빠르다

성공하는 사람은 책 읽는 방법부터 다르다

　　네트워크 비즈니스에 종사하는 대부분의 사람들은 책을 잘 구입한다. 특히 외국과 관련된 비즈니스의 경우 그와 관련된 다양한 책들이 출판되기 때문에, 대개 한두 권 정도 가지고 다니면서 시간이 나는 대로 읽는 모습을 볼 수 있다.

　　그러한 책의 내용은 크게 회사 소개나 제품 소개, 그리고 비즈니스 시스템 소개 등 세 가지 부분에 관련된 내용의 책들이 대부분이다.

필자 역시도 대부분의 경우 비즈니스 시스템 소개에 주력하는 경우가 많다. 책에 따라서는 조직 편성 방법까지 다룬 것도 있지만, 그것은 많은 사람들이 그 부분에 가장 깊은 관심을 가지고 있기 때문이다.

그렇다고 해서 제품 소개 부분을 소홀히 다뤄서는 안 된다. 네트워크 비즈니스라는 것은 회사·제품·시스템, 이 세 가지가 고루 갖춰지지 않으면 결코 성공할 수 없기 때문이다.

시스템만 돌출되어 있는 비즈니스 혹은 제품만 나와 있는 비즈니스도 있지만, 그런 불균형한 비즈니스는 오래 가지 못한다.

학습을 하기 위한 책을 구입했을 경우에는 읽는 순서에 관계없이 일단은 모든 페이지를 통독할 필요가 있다. 그것도 한 번 읽는 것만으로는 부족하다. 몇 번씩 스스로 이해할 수 있을 때까지 꾸준히 시간을 내서 읽는 것이 중요하다.

> 네트워크 비즈니스는 회사·제품·시스템이 갖춰지지 않으면 결코 성공할 수 없다. 시스템만 돌출되어 있는 비즈니스 혹은 제품만 나와 있는 불균형한 비즈니스는 오래 가지 못한다.

하지만 읽고 배운 것을 마치 앵무새처럼 다른 사람에게 이야기하는 것은 바람직하지 않다. 물론 그러한 부분을 완전히 배제할 수는 없다. 그렇지만 그 책의 내용을 자기 것으로 만들어 자신의 목소리로 이야기하는 것이 바람직하다.

자신의 목소리로 이야기하려면 단지 읽는 것으로 끝나서는 안 된다. 모택동도 지적하고 있듯이 생각하면서 읽어야 한다. 책에 적힌 것은 하나의 표준일 따름이다.

물론 그것이 그대로 통용되는 곳도 있을 것이다. 그러나 현실은 늘 변화하는 것이기 때문에, 장소나 상대에 따라서 어떤 식으로 이야기하는 것이 좋은지도 당연히 변하게 되어 있다.

현실의 빠른 변화에 능동적으로 대응할 수 있기 위해서는 비즈니스 관련 책을 읽고 배우면서, 자신의 머리로 여러 가지 경우를 상정해 만약의 사태에 빠르게 대응할 수 있는 위기관리 능력을 키울 필요가 있다.

필자가 지금까지 접해왔던 많은 디스트리뷰터 중 진정한 의미에서 성공을 거둔 사람은 예외 없이 이와 같은 독서 방법을 가진 사람이었다.

그렇지 않고 형식상 책을 읽는 즉, 수박 겉핥기식으로 그저 훑어보는 정도로 책을 읽는 사람은 성공할 수 없다. 아니 일시적으로는 성공한 것처럼 보이겠지만, 긴 안목으로 봤을 때 언젠가는 낙오자가 되고 만다.

자신의 머리로 생각하면서 책을 읽는 리더는 다운라인에게도 같은 방식으로 책을 읽도록 권하고 있다. 그렇기 때문에 어떤 곤란에 부딪치더라도 정확하게 그 위기에 대처할 수 있는 것이다.

또한 책을 사용하는 방법이 능숙하다는 점도 지적해둘 필요가 있다. 적어도 네트워크 비즈니스에 종사하며 조직을 넓히겠다고 마음먹은 사람이라면 비즈니스 관련 서적을 대량으로 구입하게 된다. 그리고 아낌없이 선물하는데, 보

> **“** 자신의 머리로 생각하면서 책을 읽는 리더는 다운라인에게도 같은 방식으로 책을 읽도록 권하고 있다. 그렇기 때문에 어떤 곤란에 부딪치더라도 정확하게 그 위기에 대처할 수 있다. **”**

통 여기에 드는 비용
을 '선행 투자'라고 말
한다.

　이러한 그룹의 리더
가 이끄는 조직의 다
운라인들은 대개 그 방식을 따라하는 경우가 많다. 당연히 조직
이 성장하는 속도도 빠르고, 그룹 전체의 매출도 늘기 때문에 '선
행 투자'한 만큼 곧바로 회수할 수 있다.

　이때 자기만 읽으면 된다고 생각하는 사람, 또는 의식 있는 사
람이나 비즈니스에 종사할 가능성이 있는 사람에게만 선물한다
면 조직은 좀처럼 확산되기 어렵다.

　책이란 선물 받은 사람만 읽는 것이라고 생각하기 쉽다. 그러
나 그 사람의 가족이나 친척 또는 그 사람의 집에 찾아오는 사람
의 눈에 띌 경우 등 어디서 어떻게 그 책이 읽힐지는 아무도 알
수 없다. 이런 기회가 좋은 결과로 이어지는 경우는 얼마든지 많
이 있기 때문이다.

　또한 단순한 애용자라 할지라도 비즈니스라는 단어가 적혀 있
다는 이유만으로 아예 책을 받으려고 하지 않는 것도 바람직하지
않다. 정말 우연히 비즈니스에 종사하겠다고 마음먹은 사람이 나
오지 않는다는 보장이 없기 때문이다.

> 책이란 건네받은 사람만 읽는 것이라고 생각하기 쉽다. 그러나 그 사람의 가족이나 친척 또는 그 사람의 집에 찾아오는 사람의 눈에 띌 경우 등 어디서 어떻게 읽힐지는 아무도 알 수 없다.

자신이 책을 직접 출판하는 것은 디스트리뷰터로서 위법

또한 네트워크 비즈니스에 관련된 종류의 책을 선택할 경우,

> 네트워크 비즈니스는 어떤 사람에게나 기회가 평등하게 주어지기 때문에 네트워크 비즈니스라고 한다. 책을 출판하거나 잡지에 광고를 내서 디스트리뷰터를 획득하려는 것은 그러한 기회 균등 원칙에 위배된다.

현재 디스트리뷰터로 등록되어 있는 사람이나 그룹이 쓴 것을 구입해 사용하는 일만은 피하는 것이 좋다. 그 책들은 자신들이 판매하고 있는 제품을 선전할 것이 뻔하기 때문이다. 이러한 종류의 책들은 그 저자가 조금이라도 많은 사람을 자기 조직에 끌어들이기 위해 쓴 것이 대부분이다.

그렇기 때문에 대개는 책의 마지막 부분에 '이 책의 내용에 대한 문의는 아래 연락처로 하시기 바랍니다'라는 문구를 넣어 자기 조직의 연락처를 적어두고 있다.

대개 이러한 상품의 선전 방식은 '바이블(성경) 상법'이라고 하여, 어떤 네트워크 비즈니스에서도 금지되어 있다.

왜냐하면 책을 출판할 수 있는 디스트리뷰터가 압도적으로 유리해지기 때문이다. 그 중에는 이름을 바꿔서 출판하는 사람도 있기 때문에 주의해야 한다.

네트워크 비즈니스는 어떤 사람에게나 기회가 평등하게 주어지기 때문에 네트워크 비즈니스라고 한다. 책을 출판하거나 잡지에 광고를 내서 디스트리뷰터를 획득하려는 것은 그러한 기회 균등 원칙에 위배된다.

어떤 네트워크 비즈니스 회사에서는 일정 지위를 획득한 상급 디스트리뷰터에 한해 책의 출판을 허용하고 있다. 하지만 그것은 일반 서점에서는 팔 수 없으며, 회사에 주문하도록 하여 카탈로그나 제품과 똑같이 취급하고 있다.

또한 필자가 출판한 네트워크 비즈니스에 관한 책이 서점에 진열되어 있는 그 책에 자신의 비즈니스용 명함을 끼워 넣는 좋지 못한 수단을 이용하는 디스트리뷰터도 있었다.

그 책을 구입한 독자에게서 연락이 오기를 기대하고 그런 행동을 했겠지만, 이와 같은 행동을 하는 디스트리뷰터가 정직한 네트워크 비즈니스를 전개한다고는 볼 수 없다.

또한 그 명함을 보고 연락을 한 사람은 불행이 시작된 것이라고 할 수 있다. 네트워크 비즈니스의 경우, 일단 어떤 사람의 다운라인이 되면 그것을 변경할 수 없기 때문이다. 이러한 비양심적인 업라인에게 소속된 다운라인만큼 안쓰러운 사람은 없다.

이야기가 약간 벗어나기 했지만, 네트워크 비즈니스 관련 서적은 그 회사 이름을 붙인 것, 네트워크 비즈니스 전반을 다룬 것 등을 포함하여 많이 출판되고 있다.

그 가운데서 먼저 양질의 책을 선택하고, 그 다음에는 그것을 열독한다. 그 내용을 자신의 목소리로 이야기하고 잘 활용할 수 있게 되었을 때 당신의 조직은 비약적으로 확대될 것이다.

모택동은 다음과 같은 말도 남겼다.

"마르크스주의 이론에 대해서는 정통해야 하며 응용이 가능해야 한다. 정통의 목적은 모두 응용에 있다. 실제 문제를 하나, 둘 마르크스-레닌주의 관점을 응용하여 설명할 수 있을 때 비로소 칭찬받을 만하며, 몇 가지 성적을 거두었다고 할 수 있을 것이다. 설명 부분이 많으면 많을수록, 보편적이면 보편적일수록, 깊으면 깊을수록 성적은 올라간다."(1942년 2월)

"마르크스-레닌주의 이론과 중국 혁명의 실제를 어떻게 연결지을 수 있을까. 알기 쉬운 말로 하면 '과녁이 있기에 화살을 쏜다'고 표현할 수 있다. …… 화살을 쏘려면 과녁을 겨누어야 한다. 마르크스-레닌주의와 중국 혁명과의 관계는 이 화살과 과녁의 관계임이 분명하다. 그런데 일부 동지는 '과녁이 없어서 화살을 쏜다'는 이치에 맞지 않는 얘기를 하고 있다. 이러한 사람은 자칫하면 혁명을 파괴할 수 있는 자이다."(1942년 2월)

여기서 모택동이 말하는 '혁명'이란, 이 책의 경우 네트워크를 확대해나가는 일을 의미한다. 그 작업을 '파괴'해버리는 것이므로 '기껏해야 책'이지만 '그래도 책'인 것이다.

공부에 게으른 리더가 이끄는 조직은 발전하기 어렵다

물론 학습을 하는 데는 책만이 필요한 것은 아니다. 선배 디스트리뷰터가 주최하는 세미나나 연구회, 학습회 등 다양하다.

그러나 이 경우도 마찬가지다. 언제나 늘 같은 말만 되풀이하는 리더는 역시 비즈니스를 할 자격이 없다. 강연 내용 중 바뀌는 부분은, '이 달 내 수입은……' 하는 부분에 나오는 금액뿐이라는 것은 너무나 서글픈 일이다.

이러한 리더는 한마디로 공부에 게으른 사람이다. 향상심이 없다고 표현해도 좋을 것이다. 또한 자신의 이익만을 생각하는, 처음부터 네트워크 비즈니스에는 적합하지 않은 사람이다.

세미나나 연구회에 참석한 사람들의 의식은 각양각색이다. 제품에 흥미를 가지고 참가한 사람, 비즈니스에 대해 좀더 많은 지식을 얻고자 온 사람, 또는 단지 '좋은 얘기를 들을 수 있다'는 말에 따라온 사람 등등 실로 다양하다.

그래서 참가자의 의식 유형을 미리 조사해둘 필요가 있는 것이다. 그럼에도 불구하고 그것을 한 가지 내용으로 일관한다면, 그 리더는 조직 확대에 게으른 사람이라고밖에 볼 수가 없다.

이러한 리더 타입의 다운라인이 되면 제대로 돌봐줄 것을 기대하기가 어렵다. 대개 이러한 리더들은 우선 등록만 시켜놓고 일정 분량의 제품을 사게 하는 것이 대부분이다. 일정한 양의 제품을 다운라인에게 팔면 그 리더가 이끄는 그룹 전체의 매출액이 올라간다. 그리고 그 리더의 수입이 늘어나는 것은 당연하다.

그러나 그것뿐이다. 다행이 소개자가 잘 돌봐주는 사람이라면 그나마 희망이 남아 있지만 그렇지 않을 경우는 비참할 뿐이다.

네트워크 비즈니스라는 '혁명'은 네트워크 비즈니스에 대해 전혀 지식이 없는 일반 대중을 상대로 한 것이다. 그렇기 때문에 기초부터 자세히 가르치는 학습이 요구된다.

그 학습을 소홀히 하고 그저 일방적으로 자신이 하고 싶은 말만 하고 끝내버리는 것은 네트워크 비즈니스의 원칙에 어긋나는 것이다. 이런 리더의 다운라인에서 일하는 일만큼 비극적인 일은 아마 없을 것이다.

네트워크 비즈니스에 정해진 이론이란 없다

독서도 학습이고 응용도 학습이지만 보다 중요한 학습이 바로 응용이다. 전쟁을 통해 전쟁을 배운다. 이것은 바로 우리의 주요 학습 방법이다. 학교에 갈 기회가 없었던 사람도 전쟁을 학습할 수가 있다. 즉, 전쟁 속에서 학습하는 것이다. 혁명 전쟁은 민중이 하는 것이며, 다 배우고 난 다음에는 혁명 전쟁을 시작하는 것이 아니라 전쟁을 시작한 다음 학습하는 것이므로 전쟁을 하는 것이 학습하는 것이다.(1936년 12월)

전쟁을 통해 전쟁을 배우는 것이 비즈니스의 핵심

위의 모택동 말은 일생을 거의 제일선 현장에서 투쟁하며 보낸 모택동이기에 남길 수 있는 말이다.

즉, 학습이란 단순히 책을 읽는 것만으로 전혀 의미가 없다는 것을 깨우쳐주는 말이다. '전쟁을 통해 전쟁을 배운다'는 말은 진리와 같다. 네트워크 비즈니스의 경우도 이와 마찬가지라고 할 수 있다. 다시 말해서 양쪽 모두 경험자가 많이 있는 것이 아니기 때문이다.

물론 전쟁의 경우 전략과 전술 등의 이론이 있으며, 네트워크 비즈니스에도 그 이론이 당연히 존재한다.

그러나 어떤 경우에도 마찬가지겠지만 이론대로 모든 일이 진행된다고 확실히 단언할 수는 없다. 대개는 현장 대응이라고 할 수 있는 즉, 실제 현장에서 판단과 그에 대처하는 방법을 배우게 되는 것이다.

그럴 경우 사건을 판단하고 대응하는 측이 어느 정도 수준에 있느냐가 문제가 된다. 네트워크 비즈니스를 막 시작한 사람일 경우에는 거의 알아듣지 못하는 얘기뿐이기 때문에 어떻게 대응해야 좋을지 모르는 경우도 있다.

> 학습이란 단순히 책을 읽는 것만으로는 전혀 의미가 없다. '전쟁을 통해 전쟁을 배운다'는 말은 진리와 같다. 네트워크 비즈니스의 경우도 이와 마찬가지라고 할 수 있다.

또한 오랜 경험을 가진 리더일지라도 지금까지 경험한 적이 없는 사태가 발생하게 되면 당황하거나 이를 어떻게 처리해야 할지 역시 고민하기는 마찬가지다.

하지만 어떤 상황이든 일이 발생하면 반드시 반응이 따르게 되어 있다. 물론 '자세한 것은 잘 아는 사람에게 물어서 확인해 보도록 하겠습니다'라는 말로 대처하는 경우도 있다.

이런 방법도 잘못된 것은 아니다. 하지만 그런 방법이 아니더라도 자기 나름의 판단으로 대처하는 일 역시 가능하다. 그리고 그러한 대응의 결과는 매우 다양하다.

물론 엉뚱한 방향으로 가는 경우도 있겠지만, 반대로 임기응변으로 대응한 말이 문제의 핵심을 바로 짚어 적절하게 대응하는 경우도 있을 것이다. 어찌 되었든 그것은 그 자체만으로도 귀중한 학습이 되는 것이다.

이론을 무시하고 경험만을 중시하는 비즈니스는 실패한다

모택동은 다음과 같은 말도 남겼다.

"활동 경험이 있는 사람은 이론을 학습할 것을 권하며, 진지하게 독서할 필요가 있음을 말해주고 싶다. 이렇게 경험에 계통성과 종합성을 가지게 하여 이론에까지 상승시킬 수 있으며, 이렇게 해서 국부적인 경험을 보편적 진리로 오인하지 않게 하며, 경험주의의 과오를 범하지 않게 한다."(1942년 2월)

즉, 경험만이 모든 것이라고 생각하는 것 역시도 잘못된 생각이다. 어느 때, 어떤 곳에서 잘했다고 해서 그것이 늘 어디에서나 통용되는 것은 아니라는 얘기다.

하지만 평소에 학습을 열심히 하지 않는 사람은 때때로 그러한 형태의 실수를 범할 우려가 있다. 자신의 경험만이 최고라고 생각하고, 다른 사람의 의견에 귀를 기

> **"** 경험만이 모든 것이라고 생각하는 것 역시도 잘못된 생각이다. 어느 때, 어떤 곳에서 잘했다고 해서 그것이 늘 어디에서나 통용되는 것은 아니다. 평소에 학습을 열심히 하지 않는 사람은 그러한 형태의 실수를 범할 우려가 있다. 자신의 경험만이 최고라고 생각하고, 다른 사람의 의견에 귀를 기울이지 않는다. 이러한 좁은 도량으로는 네트워크 비즈니스를 확대시키지 못한다. **"**

울이려고 하지 않는
다. 그러나 그러한 좁
은 도량으로는 네트워
크 비즈니스를 확대시
키지 못한다.

> 네트워크 비즈니스는 지금도 발전 과정에 있다고 보는 것이 올바른 표현이다. 그렇기 때문에 자신의 경험만을 전면에 부각시켜 일을 진행해나가는 것은 피하는 게 좋다.

네트워크 비즈니스의 경우 아직 진정한 프로가 없다. 물론 나름대로 크고 작은 경험을 쌓은 사람은 많이 있다. 그러나 경험이 풍부하다고 해서 그 사람의 언행이 모두 바른 것인가 하면 그렇지는 않다.

현재 수수료(커미션) 지불 시스템에 대해서는 여러 연구기관에서 연구가 진행되고 있다. 현 단계에서는 최상이라고 여겨지더라도 5년 후나 10년 후에도 그 최상의 상태가 유지될지는 그 누구도 단언할 수 없다.

네트워크 비즈니스는 지금도 발전 과정에 있다고 보는 것이 올바른 표현이 될 것이다. 그렇기 때문에 자신의 경험만을 전면에 부각시켜 일을 진행해나가는 것은 피하는 게 좋다.

네트워크 비즈니스의 이론은 아직도 정립중에 있다는 것을 인식하면서 근본으로 돌아가기도 하고, 때로는 다른 네트워크 비즈니스에 종사하는 사람의 의견을 듣는 등 다양한 각도에서 그 본질을 생각해나가는 자세를 게을리 해서는 안 된다.

네트워크 비즈니스는
누가, 언제, 어떻게 성공할지 예측할 수 없다

인간미가 없는 조직은 곧 와해되고 만다

향상심을 유지하는 것은 매우 어려운 일이다. 여기서 말하는 '학습'이 단순히 책상 앞에 앉아 책 읽는 것을 의미하는 것이 아니라는 것을 알 수 있을 것이다.

그런데 네트워크 비즈니스에 종사하는 사람들의 경우 어느 정도 조직을 확대하는데 성공하게 되면 그 순간부터 자만에 빠져 노력하지 않는 리더들이 많이 있다.

네트워크를 확대해 나가기 위해서는 어떻게 많은 사람을 만날 것인가에 달려 있다. 사람과의 만남이 이뤄지지 않으면 조직의 확대를 기대할 수 없으며, 더구나 거기에 한계를 둘 수도 없다. 극단적으로 말하면 영원히 계속되는 것이 네트워크 비즈니스다.

그럼에도 불구하고 현재 상태에 만족하면서 '이제 더 이상 조직을 키워나갈 필요가 없다'든지, '이 정도에서 그만두자'라는 생각을 하게 된다면 조직은 이내 붕괴되고 만다.

조직은 사람이 모이는 집단이다. 그러므로 그곳에는 항상 인간미가 넘쳐흘러야 한다. 인간미 넘치는 조직을 만들기 위해서는 항상 활동하면서 자주 대화를 나눠야 한다. 같은 다운라인의 디스트리뷰터일지라도 그때그때의 상황에 따라 비즈니스에 대한 자세는 변화한다. 매우 잘 되고 있을 때도 있지만 반대로 곤란에 부딪칠 때도 있게 마련이다.

> 조직은 사람이 모이는 집단이다. 그러므로 그곳에는 항상 인간미가 넘쳐흘러야 한다. 인간미 넘치는 조직을 만들기 위해서는 항상 활동하면서 자주 대화를 나눠야 한다.

그러한 변화가 끊임없이 일어나기 때문에 네트워크 비즈니스는 잠시도 방심할 수 없다. 실패를 하더라도 '이걸로 충분하다'고 생각하는 것은 있을 수 없는 일이다.

모택동은 '학습'을 예로 들었지만, 네트워크 비즈니스에서는 비단 학습 작업에만 국한되는 것이 아니라 그 모든 분야에서 '자기만족'이 바로 무서운 '적'이 된다.

네트워크 비즈니스에서는 활동을 하면서 우연히 만나는 모든 것이 다 학습이다. 아무리 배워도 지나침이 없는 것이 학습이므로 언제나 향상심을 가질 필요가 있다.

뿐만 아니라 이제 아무 것도 모르는 신인 디스트리뷰터가 나올 것이다. 자신이 직접 모집하는 경우도 있을 것이고, 다운라인이 소개해주는 경우도 있을 것이다.

그때 처음부터 하나하나 가르쳐주는 일에 싫증을 내는 태도는 엄히 경계해야 한다. 강한 인내심을 가지고 성심성의껏 가르치게 된다면, 그 모든 것이 자기 자신에게 돌아온다는 사실을 잊어서는 안 된다.

설령 그때는 아무 일도 못하는 사람처럼 보일지 몰라도, 언제 어느 곳에서 성공한 디스트리뷰터로 변신해 있을지는 그 누구도 알 수 없는 일이다.

간혹 보면 얼마 동안 쉬고 있다가 얼마쯤 시간이 지난 다음 나타나 갑자기 활동을 시작하는 사람이 있다. 그때 혜택을 입을 수 있는 것은 다름 아닌 바로 당신이다. 그런 경우를 생각하면 어떤 경우에도 일을 소홀히 할 수는 없을 것이다.

제4장

자립

행동하고 또 행동하고
대화하고 또 대화하라

모든 사람에게 평등한 기회가 주어지는 것이 네트워크 비즈니스

모택동의 말

자기만을 생각하고 다른 사람의 일은 생각하지 않는 본위주의 경향에 반대해야 한다. 다른 사람의 어려움을 거들떠보지도 않고, 자기에게 소속되어 있는 요원이 전임을 요구해도 허락하지 않을 뿐 아니라, 뒤떨어진다고 판단되는 요원은 즉시 다른 곳으로 보내버린다. 이와 같이 다른 부문, 다른 지방, 다른 사람은 생각하지 않는 사람, 이러한 인간을 본위주의자라고 한다. 이것은 완전히 공산주의 정신을 잃어버린 것이다. 대국을 생각하지 않고 다른 부문, 다른 지방, 다른 사람에게 전혀 관심을 갖지 않는다. 이것이 본위주의자의 특징이다. 이러한 사람에 대해서는 교육을 강화하고, 이들은 연고주의의 경향을 띠고 있어 발전하면 매우 위험하다는 것을 이해시켜야 한다.(1942년 2월)

네트워크 비즈니스는 개인플레이가 아니라 팀플레이

네트워크 비즈니스와 공산주의와는 어떤 공통점이 있느냐의 문제는 접어두고라도, 어쨌든 분명한 것은 둘 다 단 한 사람의 힘만으로는 이뤄낼 수 없다는 점이다. 반드시 어딘가에서 누군가의 도움을 받을 때 가능해지는 일들이다.

그런데 이런 간단한 이치마저 자각하지 못하는 사람이 상당히 많다. 특히 네트워크 비즈니스의 경우 대개 출발이 한 사람으로도 가능하며, 조직이 요구되지 않는 컨셉에서 출발하기 때문에 그런 사고방식을 갖는 사람이 보다 많이 모이게 된다.

분명 궁극적으로는 한 사람의 노력이 말해주는 것이 네트워크 비즈니스다. 다른 사람이 어떻게 하든 상관하지 않고 그저 묵묵히 자신만의 비즈니스를 위해 노력하면서 성공을 꿈꾼다. 그 결과는 모두 본인 한 사람의 몫이 되는 것, 이것이 네트워크 비즈니스다.

그렇다고 해서 네트워크 비즈니스가 처음부터 끝까지 개인플레이로 진행되는 것은 아니다. 사실 팀플레이 성격이 더 강하다고 말할 수 있다.

그런데 제품에 대해서는 능숙하게 설명할 수 있어도 비즈니스 시스템에 대한 설명은 아무래도 자신이 없다고 말하는 사람이 상당히 많다.

또한 그와 반대의 경우도 적지 않다. 물론 그 중에는 사람들이 혀를 내두르며 감탄할 정도로 뛰어난 사람도 있겠지만 그것은 어디까지나 예외적인 존재다.

공산주의의 혁명 운동에서는 이데올로그(ideolog, 이론가)와 오거나이저(organizer, 주최자)의 분업이 확실히 이뤄진다.

이데올로그란 사상을 정립하고 치밀하게 연구하는 사람을 말한다. 이에 반해 오거나이저란 그것을 알기 쉽게 설명하고 조직을 확대시켜 나가는 일에 능숙한 사람을 말한다.

이와는 별개로 애지테이터(agitator, 선동자)라고 하여 사람의 감정에 호소하여 동요를 일으키는 일을 잘하는 사람도 있다.

그러나 적어도 이데올로그와 오거나이저의 두 가지 특질을 동시에 가지고 있는 사람은 흔하지 않다. 더욱이 애지테이터적인 부분까지 겸비한 사람은 거의 전무하다고 할 수 있다.

네트워크 비즈니스도 마찬가지다. 이론과 사고방식, 사상에 대해 설명하는 이데올로그가 있는가 하면, 끊임없이 한 사람 한 사람을 설득하는 일에 뛰어난 오거나이저의 기질을 가진 사람도 있다. 이런 사람들이 함께 손을 잡고 협력해 갈 때 조직의 확대가 가능해지고 활동하는 사람도 많아지는 것이다.

조직이 생겨도 실제로 활동하는 사람이 늘어나지 않으면 조직으로서 기능하기가 어렵다. 그러므로 이데올로그와 오거나이저라는 두 가지 전혀 다른 면에서 관찰하고 돌보는 일이 필요하다.

그런데 조직이 어느 정도까지 확대되면 그 성과를 자기 혼자만의 노력에 의한 것으로 착각하는 사람이 있다. 그리고 자신이 성공할 수 있도록 도와준 사람들의 공로를 잊고 이를 소홀히 하거나 무시하기도 한다. 심지어 그들을 멀리 하는 사람도 있다.

하지만 이러한 태도는 올바른 행동이라고 볼 수 없다. 결과적으로 조직을 피폐하게 만들고, 조직이 성장하는데 장애가 될 가능성이 높다.

조직이란 한 사람이 백 걸음 전진하는 것보다 백 사람이 한 걸

음씩 전진하는 것이 훨씬 효과적이다. 물론 모든 팀원이 똑같이 한 걸음씩 앞으로

> 조직이란 한 사람이 백 걸음 전진하는 것보다 백 사람이 한 걸음씩 전진하는 것이 훨씬 효과적이다.

전진한다면 더할나위 없겠지만 사실 이것은 어려운 일이다.

평균적으로 100명 중 한두 사람이 스무 걸음을 전진하고, 30~40명이 다섯 걸음, 20~30명이 한 걸음씩, 그리고 다른 사람은 쉬는 상태에 있다고 할지라도 전체적으로는 백 걸음을 앞으로 나아가는 효과가 있는 것이다.

리더 입장에서는 자기 자신도 몇 걸음 앞으로 나가면서, 자기 이외의 사람을 뒤에서 밀어주거나 앞에서 끌어주면서 많은 다운라인이 한 걸음이라도 더 앞으로 나아갈 수 있도록 배려해주어야 한다.

그러기 위해서는 어느 누구를 편애하거나, 어느 특정 그룹을 무시하거나 하는 행동은 절대 해서는 안 된다.

그러한 일은 조직이 성장하는데 장애가 되는 불협화음의 원인이 된다. 뿐만 아니라 거기에 남녀의 애정 관계가 얽히지 않도록 각별히 경계해야 한다.

네트워크 비즈니스에 참여한 것이 계기가 되어 부부 사이가 나빠지거나 이혼에까지 이르는 커플은 결코 적지 않다.

네트워크 비즈니스는 살아있는 인간끼리 서로 접촉하면서 진행해나가는 것이기 때문에 감정을 지나치게 앞세우는 것은 결코 옳은 태도가 아니다.

시간 관리에 철저한 리더는
충실한 네트워크를 구축한다

'안민고시(安民告示)'. 회의를 개최할 때에는 미리 통지한다. 민심 안정의 고시와 같이, 어떤 문제를 토론하고 해결하려는 것인가를 사람들에게 알리고 서둘러 준비시킨다. 간부회의를 여는 데도 지방에 따라서는 미리 보고나 결의 초안을 준비하지 않고 참석자가 모인 다음에야 급히 날조하는 모습을 보게 된다. 마치 '병마가 이미 도착했는데 아직 식량과 마초가 준비되지 않은' 것과 같은 어이없는 경우다. 준비가 다 되지 않았을 때는 회의를 열지 말라.(1949년 3월)

주제가 확실히 정해지지 않은 회의는 시간 낭비다

네트워크 비즈니스에서 커뮤니케이션의 중요성은 애용자의 확보나 비즈니스 조직의 확대에만 그치는 것은 아니다. 무엇보다도 그 조직을 지속적으로 유지할 수 있는 방법이 절대 빠져서는 안 되는 것이다.

그렇기 때문에 어떤 네트워크 비즈니스 조직에서나 중역디스트리뷰터(executive distributor)회의나 특별판매회의(명칭은 여러 가지가 있을 수 있겠지만) 등 그 비즈니스에서 중추적 역할을 맡고 있는 사람들이 참석하는 갖가지 명목의 회의가 정기적으로 열리고 있다.

그런데 이러한 종류의 회의에는 '아무 생각없이 하는 회의'가 많은 것이 사실이다. '아무 생각없이 하는 회의'란, 요컨대 회의 안건 주제가 확실히 정해져 있지 않은, 단지 일정한 지위 이상에 있다는 이유만으로 모여 회의를 하는 것을 말한다.

네트워크 비즈니스는 어떤 사람이 어느 정도 일정한 지위를 얻게 되면, 초보 디스트리뷰터보다 직면하는 문제의 강도가 상당히 차이가 있을 뿐 아니라 보다 복잡하고 심각한 사건도 많다. 그렇기 때문에 단지 일정한 지위에 있다는 이유만으로, 일단 회의가 소집되면 그 회의에 꼭 참석해야 한다는 생각을 하게 되는 것이다.

> 회의는 함부로 열어도 되는 것이 아니다. 오히려 회의 안건 주제가 확실히 정해지지 않은 회의는 시간 낭비며, 건설적인 제안이 떠오르지 않을 뿐더러 문제를 해결할 수 있는 방법을 기대하기 어렵다.

그러나 회의는 그렇게 앞뒤 생각없이 함부로 열어도 되는 것이 아니다. 회의 안건 주제가 확실히 정해지지 않은 회의는, 모택동도 지적했듯이 오히려 시간 낭비다.

사전에 회의에 대한 아무런 준비없이 갑작스럽게 주제가 제시되면, 그때서야 허겁지겁 안건에 대해서 생각하기 바쁘기 때문에 건설적인 제안이 떠오르지 않는다. 더욱이 문제를 해결할 수 있는 아이디어나 방법 같은 것은 더욱 기대하기 어렵다.

회의는 가능하면 빨리 끝내라

회의를 개최할 경우에는 사전에 주제를 확실히 정하고 참석 예정자에게 배포해줄 자료가 철저히 준비되어야 한다. 단지 일방적인 정보를 전달하기 위한 것이라면 바쁜 사람을 불러 굳이 회의를 소집할 필요는 없다.

그런 경우는 팩스나 e-메일 등을 이용해도 충분하다. 하지만 쌍방향 혹은 여러 방향의 커뮤니케이션이 필요한 경우에는 회의라는 형태로 모여서 그 안건에 대해 충분히 검토하고 대안을 찾을 필요가 있다.

이런 목적을 가지고 개최되는 회의도 시작 시간과 종료 시간을 엄수하는 일은 매우 중요하다. 시작 시간이 제대로 지켜지지 않고 흐지부지되는 것은 가장 좋지 않은 회의 모습이다.

회의 참석 예정자 중 단 한 명이라도 참석했다면 약속된 시간에 회의를 시작하는 것이 바람직하다. 즉, 회의 시간에 늦으면 귀중한 정보를 얻을 수 없게 된다는 사실을 느끼도록 해야 한다.

그런데 회의를 주재하는 리더 중에는 지각한 사람이 있으면 시계 바늘을 일부러 앞으로 돌려놓고 '지금까지 이런 주제

> 회의를 개최할 경우에는 사전에 주제를 확실히 정하고 참석 예정자에게 배포해줄 자료가 철저히 준비되어야 한다. 단지 일방적인 정보를 전달하기 위한 것이라면 바쁜 사람을 불러 굳이 회의를 소집할 필요는 없다.

의 이야기를 나누었습니다' 등의 방식으로 친절히 알려주는 리더가 있다. 그러나 회의

참석에 늦은 사람을 위해 굳이 친절하게 설명할 필요는 없다.

그보다는 오히려 준비해둔 자료 인쇄물을 통해 대략적인 흐름을 파악할 수 있도록 배려하는 것이 바람직하다. 만약 이런 배려에도 불구하고 회의 내용을 잘 이해하지 못할 경우에는, 회의가 끝난 다음에 설명을 해주는 것도 하나의 방법이 될 것이다.

다만 회의 주재시 항상 그런 태도로 일관하게 되면 냉철한 인상을 주게 되므로, 가끔씩 그런 식으로 엄하게 회의 진행을 할 필요가 있다.

네트워크 비즈니스는 회사에 근무하는 샐러리맨과는 달리 시간이 최대의 자산이라고 해도 과언이 아니다.

모두가 귀중한 시간을 쪼개 회의에 참석하는 것이므로 회의를 주최하는 측도 최대한의 배려를 해줄 필요가 있으며, 참석자도 그런 점을 충분히 고려하여 회의에 임할 필요가 있다.

이때 회의 시간이 길어져서는 절대 안 된다. 짧은 시간 안에 효과적으로 마무리하는 것이 최상의 방법이다. 그러기 위해서라도 사전에 회의 준비를 완벽히 해두는 것은 매우 중요한 일이다.

모택동은 다음과 같은 말도 남겼다.

"'정병간정(精兵簡政)'. 담화, 연설, 문장, 결의안은 모두 간소하게 요점을 분명히 할 것. 회의도 너무 길지 않도록 한다."

(1949년 3월)

처음엔 어렵게 배우지만, 나중엔
어떤 일이든 대처할 능력이 생긴다

'피아노를 치는' 일에 능숙해져 보라. 피아노를 치려면 열 개의 손가락을 전부 움직여야 한다. 때문에 어떤 손가락은 움직이고 어떤 손가락은 움직이지 않아서는 안 된다. 하지만 열 개의 손가락으로 한 번에 피아노를 두드려도 아름다운 멜로디는 나오지 않는다. 좋은 음악을 연주하려면 열 개의 손가락 전부가 리듬감 있게 조화를 이루며 움직여야 한다.

당위원회는 중심 활동을 확실히 파악하는 동시에 중심 활동을 둘러싸고 다른 영역의 활동을 전개할 필요가 있다. 현재 우리가 몰두하고 있는 영역은 매우 많다. 각 지역이나 각 군대, 각 부문의 활동 전반을 배려해야 하고, 일부 문제는 다루고 일부 문제는 방치해두는 것은 곤란하다.

문제가 있는 부분은 모두 손가락으로 두들겨 봐야 하고, 우리는 반드시 이 방법에 익숙해져야 한다. 피아노를 치는 일에도 잘 치는 사람과 못 치는 사람이 있고, 두 사람이 치는 멜로디는 현격한 차이가 있다. 당위원회의 동지는 반드시 '피아노를 치는 일'에 능숙해져야 한다.(1949년 3월)

하루, 24시간을 두 배로 활용하는 법

네트워크 비즈니스 활동은 매우 다채롭다. 그 자체만으로도 재미있는 부분이 많지만, 그 비즈니스 중에는 자신이 잘하는 부분에만 관심을 갖는 사람도 있다.

물론 그런 사람이 있어도 상관없다. 처음부터 비즈니스를 크게 전개할 마음이 없는 사람이라면, 어느 지점에서 중단하더라도 크게 문제되지는 않는다.

하지만 비즈니스를 성공적으로 이끌어 보겠다, 또는 큰 조직을 만들어 보겠다고 마음먹은 사람이라면 비즈니스에 무관심해서는 안 된다. 모든 모임에 얼굴을 내밀고 자신을 알릴 필요가 있다.

새로운 다운라인을 모집하는 일, 제품에 대한 설명, 상대를 보살필 줄 아는 리더십 등에 관한 세미나나 연구회에 자주 참석하거나 주최하고 성공 사례도 발표한다. 그리고 세미나가 끝난 다음에는 간담회에 참석해 문제 처리나 다양한 요구에 대응할 줄 아는 위기 관리 능력을 길러야 한다.

또한 가끔씩은 먼저 말을 꺼내 분위기를 이끌줄도 알아야 한다. 애용자에게 '주문을 받는 일'도 중요하며, 한 동안 만나지 못한 디스트리뷰터에 대한 인사도 잊어서는 안 된다.

네트워크 비즈니스에서 최고가 되고자 하는 사람의 하루 일과는 이보다 더 바쁘다.

내가 아는 톱 디스트리뷰터는 휴대전화를 네 대나 사용하고 있다. 한 대는 발신 전용이며, 나머지 세 대는 수신 전용이다.

세 대의 수신 전용 전화기는 모두 전화 벨소리가 다르다. 각각 어느 다운라인에서 걸려온 전화인지를 금세 알 수 있도록 하기 위해서다. 또한 수신기가 한 대일 경우에는 통화중일 수도 있기 때문에, 귀중한 기회를 놓치거나 상대에게 불만을 갖게 할 수도 있다는 설명도 빠뜨리지 않았다.

최근 그 디스트리뷰터를 만났더니, 그는 PDA(휴대용단말기)를 마련했다고 한다. 복잡한 일정 관리나 출장지에서 e-메일을 보내거나 할 때 필요하다고 했다.

이 디스트리뷰터의 경우는 1년 내내 밖에서 생활한다. 지방에서 지방으로, 마치 연예인의 순회공연처럼 여행을 하는 경우도 적지 않다. 그럴 때 e-메일은 매우 편리할 것이다.

요컨대 확실한 목표를 가지고 네트워크 비즈니스에 뛰어든 사람은 그 정도로 커뮤니케이션을 중요시 한다는 얘기다. 그리고 각각의 커뮤니케이션 내용을 그날그날 검토하고 분석하면서 내일의 일정을 점검한다.

귀중한 시간을 어떻게 분배해서 사용할 것인가에 따라서 24시간을 두 배로 활용할 수도, 절반밖에 사용하지 못할 수도 있다.

네트워크 비즈니스는 누구나 초보에서 시작한다

앞에서 예로 든 디스트리뷰터의 경우 다각적인 발상을 하고 있음을 알 수가 있다.

언제 어떤 문제가 생기더라도 결코 당황하거나 불안해하는 일은 없다. 그때의 상황에 맞게 차분히 일을 처리하며 시간을 활용하는 면에서도 역시 뛰어나다. 또한 상대방의 시간을 확실히 파악해두기 때문에 상대방과 연락이 안 되는 일은 없다. 대개의 경우 한 번에 상대를 파악한다.

그렇다고 해서 그가 미래 영화의 주인공인 디지털 전사나 TV 드라마에 나오는 것처럼 디지털 시대의 비즈니스맨 같은 풍모를 지닌 것은 전혀 아니다.

또한 외모가 빼어나거나 풍채가 좋아 남의 눈에 확 들어올 만한 사람은 더더욱 아니며, 네트워크 비즈니스를 하는 사람으로 보이지는 않는 그런 분위기의 사람이다.

다만 그의 경우 '피아노를 치는' 사람이다. 그의 '중심 활동'은 어디까지나 조직의 확대에 있다. 그렇기 때문에 사람을 만나는 건수가 많은 것은 당연하다. 그는 하루에 최소한 4명의 상대와 면담을 한다.

그리고 하루의 일과는 항상 사람 만나는 일을 중심으로 세워진다. 그리고 짜투리 시간을 이용해 다른 분야의 문제를 처리하고 고민이나 상담에 대응할 수 있도록 준비한다. 그의 에너지는 정말 엄청나다. 하지만 그런 그에게도 비즈니스에 뛰어든 처음 6개월 동안은 무언가를 하고 싶어도 아무 것도 할 수 없던 시절이

> 66 네트워크 비즈니스는 누구나 다 초보자 수준에서 시작한다. 6개월 혹은 1년 만에 '피아노 치는' 일에 익숙해진 사람이 나오는 것을 보면 끝까지 인내하고 자신의 일에 최선을 다하는 사람만이 성공할 수 있다는 사례를 보여준다. 99

있었다.

그러나 그는 그 고통을 극복하고 끝까지 인내하며 자신에게 비즈니스를 권유해준 선배 디스트리뷰터를 따라다니면서 그의 노하우를 몸으로 익혔다. 그리고 그것을 하나 하나 메모해두었다가 매일 잠자리에 들기 전에 다시 한 번 읽어보면서 자기 것으로 만들었다. 이런 생활이 반복되는 가운데 다양한 일들이 서서히 그에게도 익숙해지기 시작했다.

즉, 누구나 갑자기 '피아노를 칠 수 있는' 것은 아니다. 하지만 눈동냥으로 보고 익혀서 '치는' 것은 할 수 있게 된다. 그렇다고 그냥 멍하니 보고 있는 것만으로 피아노를 칠 수 있게 되는 것은 아니다. 더욱이 '익숙'해질 정도가 되려면 더욱 그렇다.

그러나 필자가 말하고자 하는 진짜 의미는, 무슨 일이든 진지한 자세로 뛰어들면 해내지 못할 일이 없다는 사례를 그가 보여주고 있다는 사실이다. 그러한 그의 자세를 보면서 네트워크 비즈니스는 역시 '지속적이고 힘이 있어야 하는' 것임을 새삼 느끼게 되었다.

어렸을 때부터 '피아노'를 배운 사람도 있겠지만, 네트워크 비즈니스는 누구나 다 초보자 수준에서 시작한다. 그것도 6개월 혹은 1년 만에 '피아노 치는' 일에 익숙해진 사람이 나오는 것을 보면, 끝까지 인내하고 자신의 일에 최선을 다하는 사람만이 성공할 수 있다는 사례를 보여주는 것 같다.

위기에 큰 힘을 발휘하는
대중을 양성하는 알에 소홀해서는 안 된다

대중은 때때로 믿을 수 없을 정도의 힘을 발휘하다

네트워크 비즈니스는 크게 확산되지 않으면 결코 성공할 수 없다. 마지막 열쇠가 되는 것은 사람의 숫자이다. 자신의 다운라인에 어느 만큼의 사람이 조직되어 있는가, 또는 그 중 몇 명이 실제로 활동하고 있느냐에 따라 수입이 결정되기 때문이다.

그러나 한 사람의 눈으로 볼 수 있는 시야에는 당연히 한계가 있다. 비록 슈퍼맨과 같은 초능력을 가지고 있다 할지라도 전국에 확산된 조직을 한순간에 다 체크하는 것은 불가능하다.

그러므로 조직이 커지면 그 다음 단계는 자신의 '분신'을 어느 정도의 수준으로 얼마만큼 많이 키워내느냐에 비즈니스 승부수를 던져야 한다.

그런데 노력하고 또 노력해서 원하는 바를 성취를 했다고 하자. 예를 들어 3명의 분신을 키우고 전국(까지는 아니어도 상관없지만)에 1천 명의 조직을 만들어냈다고 하자.

조직이 이렇게까지 커지면 이번엔 점검(maintenance)에 시간과 에너지를 쏟게 된다. 이때 중요한 것은 이 일들을 모두 자신과 그 분신이 이루려고 하기보다는 대중의 자발성에 기대한다는 점이다.

'대중'이라고 하면 아무래도 어중이떠중이들이 다 모인다는 이미지를 줄 수도 있겠지만, 그 잠재 능력을 유발할 수 있는 방법만 안다면 예상치 못한 지혜를 발휘할 수 있다.

모택동의 혁명 운동에서도 그러한 일은 흔히 볼 수 있다. 지휘관이 없을 때 급습을 당한 병사들이 침착하게 안전한 곳으로 피한 일이나, 전쟁 경험이 전혀 없는 농민들이 국민당의 정예군 임무를 훌륭히 해낸 이야기 등 이루 헤아릴 수 없이 많다.

이 일들은 모두 누구의 지시도 없이 실행된 일들이다. 농민이나 병사들의 자발적인 아이디어였다. 그러나 그러한 자발적인 아이디어가 자유롭게 나올 수 있게 되기까지는 눈에 보이지 않는 부분에서의 교육이 있었다.

그 교육은 때로 직접적으로 이뤄진 것이지만, 한편으로는 다른 사람의 입을 통해 듣게 되는 경우도 있었다. 하지만 그것이 유사시에 효과를 볼 수 있느냐의 여부는 역시 어느 정도의 경험을 쌓느냐에 달려 있다고 할 수 있을 것이다.

재미있는 것은 모택동이 이끄는 적군이 지배하던 지역에서도, 국민당의 군인들이나 일본군과의 전쟁이 치열했던 지역인 만큼 농민들의 행동은 매우 급진적이었으며, 또한 정확한 전술을 취함으로써 이후의 피해를 최소한으로 막았다는 점이다.

이와는 반대로 쉽게 적군 지배하에 넣었던 장소에서는 오히려 방심한 탓에 역습을 허용하기도 했다. 그러나 결국 필사적으로 싸웠던 만큼 그 이후에는 항상 긴장과 경계심을 늦추지 않았던 것이다.

이와 마찬가지로 네트워크 비즈니스의 조직 확대도 현장 경험을 많이 시킨다는 방침으로 이끌어온 조직은, 많은 사람들이 자신도 모르는 사이에 그 방법을 배우고 몸에 익히게 된다.

그러므로 리더가 없을 때도 자신들의 힘으로 매우 알차고 충실한 내용의 세미나나 연구회 등을 개최하거나 문제를 처리함에 있어서도 정확하게 대응할 수가 있다.

중국 공산당의 승리는 물론 모택동이라는 탁월한 지도자가 존재했기에 가능했던 것도 사실이다. 하지만 승리의 결정적인 요인은 많은 수의 대중이 자립하여 스스로 대중을 선동하고 대중을 조직해 대중을 운동에 참여시킨 점에 있다고 하겠다.

모택동은 이와 같

> **"** 네트워크 비즈니스의 조직 확대도 현장 경험을 많이 시킨다는 방침으로 이끌어온 조직은, 많은 사람들이 자신도 모르는 사이에 그 방법을 배우고 몸에 익힌다. **"**

은 대중의 힘을 이용해 마지막에는 성난 파도와 같은 기세로 베이징(北京)을 함락시켰고, 국민당을 이끌던 장개석 일행은 본토를 버리고 허둥지둥 대만으로 쫓겨갈 수밖에 없었다.

그 과정에서는 아마 교과서 어디에도 실리지 않은 사태, 어느 지도자도 배운 적이 없는 문제가 일어났던 것이 분명하다.

그 모든 것이 기록되어 있지 않기 때문에 단지 추측의 단계를 벗어나지는 못하겠지만, 각 지역에서 자발적인 사고, 자발적인 작전, 자발적인 행동이 시작되어 마치 개미군단이 행진하는 듯한 사태가 연출되었을 것은 뻔한 일이다.

대중은 때때로 믿을 수 없을 정도의 힘을 발휘한다. 그것은 끊임없이 성실하게 교육하고 훈련했을 때 가능한 일이다. 그 부분에서는 리더가 얼마만큼 게을리 하지 않고 자발적으로 학습에 임하는가가 관건이 된다.

대중의 마음을 사로잡은
네트워크 비즈니스는 생명력이 길고 성공한다

대중과 관계를 맺기 위해서는 대중의 필요와 요구에 부응할 수 있어야 한다. 대중을 위한 활동은 대중의 필요에서 출발하며, 아무리 좋은 의도를 가지고 있다 해도 개인의 욕구에서 시작되어서는 안 된다. 대중이 객관적으로는 개혁을 필요로 하면서도, 주관적으로는 아직 그 정도까지 자각하지 못해 결의도 하지 않을 뿐더러 개혁 실행조차 바라지 않는 경우가 종종 있다. 이럴 때 우리는 인내심을 가지고 지켜보면서 기다릴 줄 알아야 한다.

우리의 활동 결과, 대중의 다수가 자각하고 결의하여 개혁의 실행을 원하게 될 때 그 개혁을 실행하는 것이다. 그렇지 않으면 대중에게서 멀어지게 된다. 대개 대중의 참가를 필요로 하는 활동은 대중의 자각과 욕구가 없는 한 하찮은 형식으로 흘러서 실패하고 만다.

…… 여기에는 두 가지 원칙이 있다. 하나는 대중의 실제 필요이며, 우리가 머리 속으로 공상했던 필요가 아니다. 다른 하나는 대중의 욕구이며, 대중이 직접 결의하는 것으로 우리가 대중을 대신해서 결의하는 것은 아니다.(1944년 10월)

대중이 원하는 것이 무엇인지 제대로 파악하라

네트워크 비즈니스는 본래 세상의 많은 사람들의 '필요'와 '욕구'를 채워주는 비즈니스다. 그런데 일부 리더 가운데는 그러한 '필요'와 '욕구'를 의도적으로 무시하거나 정확하게 파악하지 못하는 사람이 있다.

예를 들어 경제 일변도적인 사고방식만을 강요하고 있다. 즉, '큰 돈을 벌 수 있다', '많은 이익을 낼 수 있다'라는 식의 말만을 강조하는 것이다.

그러한 행동이 왜 대중으로부터 멀어지게 만들었는지를 알아야 한다는 것이 모택동의 주장이다.

네트워크 비즈니스는 양질의 제품을 될 수 있는 한 많은 사람에게 알려 그 제품을 사용하도록 만들며, 나아가서는 또 다른 사람에게 알리고 계속 사용하도록 만드는 과정에 있다. 그리고 이러한 과정은 비즈니스를 성공으로 이끄는데 매우 효과적이다.

하지만 이러한 과정은 언뜻 보기에 시간이 많이 걸려 어렵고 힘든 것처럼 보인다.

분명히 제품이 전달되는 속도는, 일반적으로 비즈니스에 끌어들인 상대에게 당장 필요한 제품을 구입하도록 하는 것과 비교해보면 후자 쪽이 좀 더 빠른 시간 내에 매

> 네트워크 비즈니스는 양질의 제품을 될 수 있는 한 많은 사람에게 알려 그 제품을 사용하도록 만들며, 나아가서는 또 다른 사람에게 알리고 계속 사용하도록 만드는 과정이 비즈니스를 성공으로 이끈다.

출을 올릴 수 있어 커
미션 수입도 손쉽게
얻을 수 있다는 것을
알 수 있다.

그러나 중요한 것은
실제 네트워크 비즈니스에서 얼마만큼 많은 양의 제품이 지속적
으로 움직이느냐가 승부의 관건이 된다. 일시적으로 제품이 한꺼
번에 움직였다가도 그 이후에 전혀 움직임이 없게 되면 아무런
의미도 없다.

모든 대중이 비즈니스에 관심을 갖고 있다고 생각하는 것은 착
각이다. 다만 대중의 '필요'와 '욕구'는 결코 겉으로 드러나는 것
이 아니다. 오히려 보이지 않는 곳에 잠재되어 있는 경우가 많다.

대중의 잠재적 '필요'란 우선 양질의 제품을 얻는 일이다. 그러
기 위해서는 자신이 직접 사용해봐야 한다. 사용해 보고 그 제품
의 장점을 이해하고, '이 정도면 다른 사람에게 권유해도 되겠다'
라는 확신이 서는 것이다.

또한 대중의 잠재적 '욕구'란, 이를 계기로 권유했을 때 감사의
인사를 듣게 되거나 다른 사람을 위해 좋은 일을 했다는 만족감
을 얻는 것이다.

그 잠재적 '욕구'를 즉시 비즈니스 수입으로써 얻을 수 있는 것
으로 생각하는 것은 무리가 있다. 그것은 어차피 당신 자신의 '욕
구'일 뿐이다.

그렇기 때문에 모택동은 '아무리 선한 의도라 해도 개인의 욕
구에서 시작해서는 안 된다'고 지적했던 것이다.

개인적인 '욕구'을 다른 사람에게, 그것도 많은 사람들에게 공

유하도록 하는 것은 네트워크 비즈니스의 본의는 아니다. 오히려 어떻게 하면 대중의 잠재적인 '필요'와 잠재적인 '욕구'를 손쉽게 파악할 수 있을까 그 것이 최대의 과제인 것이다.

수입이나 이익만을 부각시키면 사회 문제가 발생한다

그러기 위해서는 자신들이 이익 획득을 위해 생산하고 있는 제품이 얼마나 매력적인 것이며, 얼마나 뛰어난 품질을 가진 제품인가를 제대로 전달해야 한다.

거기에는 부단한, 그리고 심도 있는 학습이 필요하다. 형식적인 광고 카피 같은 말 정도로는 대중을 설득시킬 수 없다.

그것보다는 당신 자신의 머리로 생각한 '카피'를 상대에게 이야기해보는 것이다. 그 가운데 상대의 마음을 감동시킬만한 화젯거리가 있다면, 그건 비즈니스를 성사시키는데 좋은 느낌이라고 생각하는 것이 좋다.

물론 사전에 상대의 '필요'나 '욕구'를 확실히 알아두면 분명 효율적이다. 처음부터 그 부분에 초점을 맞추고 이야기를 나누게 되면 쉽게 상대의 마음을 사로잡을 수 있기 때문이다.

이렇게 해서 보다 많은 대중의 마음을 사로잡은 운동은 반드시 성공한다. 그리고 오래 지속된다. 사실 이 부분 즉, 오래 지속될 수 있느냐의 문제야말로 네트워크 비즈니스

> 많은 대중의 마음을 사로잡은 운동은 반드시 성공한다. 그리고 오래 지속된다. 사실 이 부분 즉, 오래 지속될 수 있느냐의 문제야말로 네트워크 비즈니스를 성공으로 이끄는 최대의 열쇠이다.

를 성공으로 이끄는 최대의 열쇠이다.

그런데 유감스럽게도 많은 사람들이 이 점을 너무나 쉽게 간과해버린다. 네트워크 비즈니스는 모택동의 혁명 운동 정도는 아니지만 상당히 장기적인 전략이 필요하다. 그것을 각오해두는 것이 좋다.

모택동은 다음과 같은 말도 남겼다.

"우리는 대중 속에 들어가 대중에게서 배우고, 대중의 경험을 종합하여 그것들을 한층 계통화 된 도리나 방책으로 삼고, 재차 그것을 대중에게 전달함(선전함)과 동시에 대중이 실행하도록 설득하며, 대중의 문제를 해결하여 대중이 해방과 행복을 쟁취하도록 해야 한다."(1943년 11월)

네트워크 비즈니스는 '대중의 문제를 해결하고 대중이 해방과 행복을 맛보게 하기 위한' 것이다. 단 한 사람의 디스트리뷰터가 이익을 독점하거나 조악한 제품을 사기성 짙은 방법으로 팔아넘기기 위한 것이 결코 아니다.

그러한 사고방식에 지배당하게 되면 마치 쉽게 돈을 벌 수 있는 것처럼 과장 광고를 해 사회적 문제로 확산될 가능성이 크다. 방문판매법에 저촉되지 않을까 하는 걱정은 대개 그런 경우에 하게 된다.

자신의 욕구가 마치 대중의 욕구인 양 사람을 만날 때마다 일방적인 이야기로 일관하는 디스트리뷰터는 결코 조직을 확대시킬 수 없다.

전국 각지의 디스트리뷰터와 이야기를 나누면서 항상 느끼는
것은, 비즈니스 활동을 오래 지속하고 있는 사람에게는 반드시
다른 사람을 돌아볼 줄 아는 디스트리뷰터가 있다는 사실이다.
반대로 그렇지 않은 사람은 자꾸 '고아'가 되고 만다.

더구나 그런 '고아' 가운데에는 디스트리뷰터로서 매우 뛰어난
능력을 가진 사람이 적지 않다. 그런 사람들의 '욕구'를 제대로
파악하지 못해 조직이 발전하는데 큰 손실을 입는다는 것은 정말
안타까운 일이다.

네트워크 비즈니스는
한 번에 그물을 치는 방법이 통용되지 않는다

모택동의 말

어디서든 대중이 있는 곳에서는 대부분 비교적 적극적인 사람과 중간 상태에 있는 사람과 비교적 소극적인 사람 등 세 가지로 구분된다. 따라서 지도자는 소수의 적극분자를 지도 골간으로 삼아 단결하며, 그 골간에 의거하여 중간분자를 향상시키고, 소극적인 사람들을 획득하는 일에 능해야 한다.(1943년 6월)

적극분자가 되는 기본은 제품에 대한 신뢰와 애착

대중의 의식에 대한 매우 정확한 모택동의 분석이다. 사회주의 혁명도 네트워크 비즈니스도 역사 속의 새로운 혁명이며 비즈니스에 불과하다. 이에 대한 태도는 어느 회사나 마찬가지겠지만 반드시 세 가지로 나뉘어진다.

모택동은 그런 보편적 현실을 답습하며 어떤 전략을 세우면 자신들의 운동에 대중의 동의를 얻어낼 수 있을 것인가를 역설하고 있다.

그것은 먼저 '소수의 적극분자'를 완벽하게 끌어들이는 데서 비롯된다. 오히려 소수이기 때문에 발견하기가 결코 쉽지 않다. 하지만 몇 번이고 자신들의 활동에 대해 알기 쉽게 설명하는 자리를 마련함으로써 그런 사람들의 존재가 서서히 부상하게 된다.

그러나 이때 역시 처음부터 비즈니스 이야기를 꺼내서는 안 된다. 비즈니스 이야기에 금세 빠져드는 사람은 싫증을 잘 내는 사람이기 때문이다.

또 일반적으로 돈 버는 이야기에 쉽게 빠져드는 사람이 어떤 평가를 받고 있는지를 생각한다면, 그런 방법은 결코 바람직하지 않다는 것을 알 수 있다.

오히려 번거로운 것 같아도 일단은 제품의 우수성을 호소하는 것부터 시작하는 것이 현명하다. 그리고 실제로 제품을 사용해보고 좋다는 것을 스스로 느끼도록 해야 한다.

실제로 사용하기 어려운 고가의 내구소비재일 경우에는 이미 사용하고 있는 사람에게 사용 소감을 말하게 하거나, 그 사람의 집에서 모임을 가져 직접 눈으로 보고 만지게 해준다. 그런 가운데 자신도 써보고 싶다는 사람이 나오게 되는 것이다.

그리고 그런 내용의 모임(세미나·연구회)을 만들고 거기서 실제 사용한 소감을 말하게 한다. 이야기를 듣고 새로 사용하겠다는 사람이 늘게 되면, 이야기를 한 사람의 다운라인에 신규 가입자를 넣는다.

이런 식으로 해서 처음 소감을 말한 사람에게 수입이 발생한다. 그때 처음으로 '아아, 제품에 대해 말하는 것이 비즈니스구나' 하는 것을 자각하게 되는 것이다.

'소수의 적극분자'는 이 시점에서 처음 생겨난다. 그런 후 이번엔 그 '소수의 적극분자'와 함께 활동을 넓혀나가면 된다.

그렇게 되면 다른 장소에서 상품을 선전하는 일이 곧 비즈니스라는 사실을 자각할 수 있는 사람이 다시 나타나게 된다. 그것이 '지도의 골간'이라는 것이다.

자기 주변에서 그런 형태로 수입을 얻는 사람이 나오게 되면 '중간분자'의 마음도 서서히 움직이게 된다. 자신은 아는 사람이 더 많다거나, 자신이 제품 사용 소감을 더 잘 이야기할 수 있다고 생각하는 사람도 나오게 될 것이다.

이번에는 그런 사람에게 도전의 기회를 준다. 그리고 다시 그 가운데서 '적극분자'가 탄생한다.

그러나 '적극분자'를 늘리는 방법에는 한계가 있다. 또한 일시적으로 '적극분자'가 된다 하더라도 얼마 지나면 갖가지 사정으로 인해 최전방에서 물러나는 사람도 있다.

이렇게 되면 줄어든 디스트리뷰터의 수만큼 늘 다시 보충을 해줘야 한다는 사실을 잊어서는 안 된다.

이러한 '적극분자'와 '중간분자'가 늘어나면 그때까지 아무 일도 하지 않던 사람들 즉, '소극적인 사람들'은 대중 심리에 편승해 잠자코 따라가게 되어 있다는 것이 모택동의 이론이다.

왜냐하면 대중은 거의 대부분 많은 사람들 가운데 자신만 홀로 남겨지는 것을 싫어하기 때문이다. 특히 동양권에서는 이러한 전략이 매우 효과적이다.

네트워크 비즈니스에 대해 자세히 설명한다

모택동은 다음과 같은 말도 남겼다.

"우리 지방의 지도기관 중 일부에는, 당의 정책은 지도자만 알고 있는 것이 좋으니 대중에게는 알릴 필요가 없다고 생각하는 사람이 있다. 이것이 우리의 활동이 순조롭게 진행되지 못하는 기본적인 원인 중 하나이다."(1948년 4월)

다시 말해서 어떤 형태든지 세미나나 연구회 등의 모임에 참석한 사람들에게는, 일단 대략적으로 네트워크 비즈니스에 대해 설명해주는 것이 필요하다.

제품 설명이나 혹은 비즈니스에 관한 설명만 하는 식으로 확실히 분리해서 설명할 필요가 있다고 필자는 늘 주장해왔지만, 그것과 이것은 엄연히 다른 얘기다.

왜냐하면 제품을 설명할 때 이 제품이 어느 회사에서 만들어졌으며, 어느 회사에서 판매하고 있는지에 대해서는 당연히 설명할 필요가 있다. 그때 대략적으로라도 좋으니 제품이 어떤 스타일로 판매되고 있는지에 대해서도 함께 설명해야 한다.

다만 그런 부분은 전체의 1할 정도면 충분하고, 나머지 9할은 제품 자체의 우수성에 대해 설명을 하는 것이 바람직하다.

설사 세미나나 연구회 등의 모임이 아니라 극히 개인적인 장소에서 상대방에게 제품에 대해 설명할 때도 일단은 비즈니스에 대해 언급할 것이다.

그와 같은 감각으로 일단 네트워크 비즈니스의 제품임을 확실히 설명하는 것은 오히려 의무에 가깝다고 보는 것이 좋다.

특히 비즈니스에 종사하는 사람이 몇 명 나온 다음에는 자신들이 앞으로 어떤 방법으로, 어떤 전략으로 비즈니스를 확대시키고, 조직을 확장시킬 것인가에 대한 기본적인 방침을 자세하게 설명할 필요가 있다.

이러한 내용을 극히 일부 사람 혹은 자기 머리 속에만 넣고 있는 것은 결코 현명한 방법이 아니다. 일단 비즈니스의 모든 것을 확실히 밝힌 다음, 개인마다 자신 있는 분야가 다르기 때문에 각기 감당해야 할 역할을 제시하여 분업화할 필요가 있다.

이데올로그는 이데올로그로서, 오거나이저는 오거나이저로서, 나아가 애지테이터는 애지테이터로서 자신이 가장 자신 있는 분야에 주력하는 것이 가장 효율적이다.

물론 어느 부분이나 일단 최저 한계선을 설정할 필요는 있다. 그렇지만 자신이 가장 자신 있는 분야에서 힘을 키워나가는 것이 본인의 능력을 최대한 발휘할 수 있을 뿐 아니라 효과적이다.

그런 의미에서 '소

수의 적극분자'가 언제까지나 '소수'여서는 절대 안 된다. 시간의 경과와 더불어 '소수'에서 조금이나마 다운라인을 늘려나가는 것이 중요하다.

이를 계기로 자신의 '분신'을 늘리고, 보다 많은 '소극적인 사람들'을 획득하는 것이 네트워크 비즈니스를 성공으로 이끄는 비결이기도 하다.

다만 '소극적인 사람들'이란 말은 그다지 좋은 표현은 아니므로, 다운라인의 긍지와 자부심을 심어줄 수 있는 다른 표현을 찾아보는 것도 필요할 것이다.

그러나 네트워크 비즈니스가 확장되어 나가는 구조나 과정은, 모택동이 그린 바와 같이 이것을 알고 있느냐 모르고 있느냐가 이후의 활동에 큰 영향을 줄 것임에는 틀림없다.

제5장

단결

1 더하기 1이 4나 5가 되게 하라

서로를 격려할 줄 아는 조직은
기대 이상으로 발전한다

많은 일들은, 우리가 거기에 맹목적이거나 자각을 잃게 될 때 우리의 짐이 되기도 하고 부담이 되기도 한다. 예를 들어 실수를 저질렀을 때 자신이 실수를 저질렀다는 생각에 위축되어 있을 것이고, 실수를 저지르지 않았을 경우에는 자신은 실수를 저지른 적이 없다고 생각하여 거만해질 것이다. 투쟁 경력이 짧으면 짧아서 무책임해질 것이고, 투쟁 경력이 길면 길다는 이유로 다른 사람의 의견을 무시한 채 독선적으로 행동할 것이다. 노동자·농민은 자신의 출신에 대한 자부심에 불타 지식인을 경멸하고, 지식인은 자신이 가진 얼마 안 되는 지식을 자랑하며 노동자·농민을 경멸한다. 어느 분야에서든 남보다 뛰어난 전문성을 가지고 있다는 것은 인간이 거만한 행동을 하며, 다른 사람을 무시하도록 만드는 데에 어느 정도 기인하는 부분이 있을 것이다. 하다못해 연령조차도 거만의 도구가 된다. 젊은 사람은 머리가 좋고 유능하다고 자부하여 노인을 천대할 것이며, 노인은 풍부한 경험을 자랑하며 젊은이를 무시할 것이다. 이와 같이 모든 일들은 우리가 자각하지 않는 이상 짐이자 부담일 수밖에 없다.(1944년 4월)

거만하고 잘난 체하는 사람은 리더의 자격이 없다

네트워크 비즈니스에는 각양각색의 사람들이 모여든다. 일반 기업이라면 사장이나 임원 혹은 중간 관리직의 마음에 드는 인물이 들어오기 때문에, 여러 의미에서 어떤 수준 같은 것을 유지하고 있다. 예를 들면 학력이나 과거의 경력 혹은 생활 환경이 바로 그것이다.

그러나 네트워크 비즈니스의 경우는 근본적으로 다르다. 그것은 어떤 사람이냐에 관계없이 비즈니스를 할 수 있다는 점이다. 학력이나 경력, 생활 환경, 가정 환경 등은 전혀 상관없기 때문에 모든 계층의 모든 연령의 사람이 다 모여 있다. 다만 같은 제품을 선전하려는 목적을 가졌다는 것이 유일한 공통점이다.

그러나 그들이 가진 의식에는 차이가 있다. 많은 빚을 지고 어쩔 수 없이 비즈니스를 하는 사람이 있는가 하면, 노후의 취미 생활을 하는 기분으로 일하고 있는 사람도 있다.

그런가 하면 본업은 따로 있고 부업 삼아 일하는 사람이 있으며, 남편의 수입만으로는 생활이 어려워 부인이 생활비라도 벌기 위해 나오는 사람도 있는 등 실로 다양한 사람들이 비즈니스에 참여한다.

여기서 예로 든 몇 가지 경우만 보더라도 그 의식의 차이가 무척 크다는 것을 충분

> 네트워크 비즈니스는 학력이나 경력, 생활 환경, 가정 환경 등은 전혀 상관없기 때문에 모든 계층의 모든 연령의 사람이 다 모여 있다. 다만 같은 제품을 선전하려는 목적을 가졌다는 것이 유일한 공통점이다.

> **네트워크 비즈니스는 혼자서 시작하고 활동의 책임도 한 사람 한 사람이 지며, 또한 수입을 얻는 것도 개인인 것처럼 보인다. 그러나 현실적으로는 팀플레이의 요소가 상당히 강하다.**

히 상상할 수 있다.

당연히 조직의 구성 인원 유형도 다르므로 경우에 따라서는 자기 이외의 디스트리뷰터를 탐탁지 않게 생각하는 경우도 있다.

그러한 생각은 대개 태도나 말에서 자주 나타난다. 그런데 네트워크 비즈니스에서 종종 잘못된 인식을 갖는 경우가 있는데, 그것은 혼자 힘만으로도 비즈니스를 해나갈 수 있다는 인식이다.

언뜻 보기에 네트워크 비즈니스는 혼자서 시작하고 활동의 책임도 한 사람 한 사람이 지며, 또한 수입을 얻는 것도 개인인 것처럼 보인다.

그러나 실제로는 혼자 힘만 가지고는 결코 비즈니스를 진행시킬 수 없다. 어떤 경우든지 누군가의 협조가 필요할 뿐 아니라 같은 라인인 경우에는 더욱 그렇다. 다시 말해서 혼자서 할 수 있는 비즈니스인 것처럼 보이지만, 현실적으로는 팀플레이의 요소가 상당히 강하다.

네트워크 비즈니스에서 가장 중요한 것이 단결이다. 요컨대 자기만 많은 돈을 벌면 된다고 생각하는 사람이 이끄는 조직은 도중에 반드시 공중분해 되고 만다.

공중분해라고 하면 너무 크게 생각할지 모르겠지만, 쉽게 말해서 휴식 상태에 들어가는 사람이 속출하게 된다는 것이다. 즉, 비즈니스를 전개할 의욕을 잃어버리고 마는 것이다.

네트워크 비즈니스에서는 그 활동 실적에 따라 '위계(位階)'가 올라가는 시스템을 채용하고 있다. 회사에 따라 직위를 나타내는 호칭은 다양하나 대개는 이 호칭이 자존심을 건드리는 경우가 많이 있다.

또한 높은 위치에 오르게 되어 자기 조직이 확대된 것이 널리 알려지게 되면, 기쁨을 참지 못하고 드러내거나 잘난 척하는 사람도 있다.

분명 그렇게 되기까지는 그 사람 자신의 엄청난 노력이 있었을 것이다. 그러나 그 한 사람만의 힘으로 그런 지위를 얻을 수 있었던 것은 결코 아니다. 그 사람이 모집한 사람들 전원은 아니더라도 그 중 많은 사람들이, 그 나름의 노력을 기울였기 때문에 그 사람의 조직이 확대된 것이다.

물론 그에 따른 보수는 회사 측으로부터 지불받는다. 그렇다고 해서 그들에 대한 감사의 마음을 잊어서는 안 된다.

통속적인 얘기처럼 들리겠지만, 네트워크 비즈니스는 그 조직에 참여한 한 사람 한 사람의 마음속에 '저 사람 때문에 계속 활동하고 싶다'는 생각이 없으면 절대 조직의 확대를 꿈꿀 수 없다.

물론 한 사람 한 사람의 마음속에는 '(그것이) 결국엔 나 자신을 위한 것이 된다'는 생각은 가지고 있는 것이 사실이다.

도저히 용서하기 힘든 악랄한 리더도 가끔은 있다

그러나 반대로 자신의 비즈니스 활동이 '저런 이상한 사람 때문에 내가 이렇게 된 것'이라고 생각하면 분명 일할 맛이 나지 않게 된다. 원칙대로라면 톱 디스트리뷰터로서 매월 5백만 원의 수입이 생겨야 하지만, 이런 배경 때문에 반으로 깎이는 경우도 얼마든지 생길 수 있다.

따라서 톱 디스트리뷰터 중에는 거만하기만 한 것이 아니라 다운라인과 상담할 때마다 성의 없는 태도로 대응하거나 아예 비즈니스 활동을 그만둬버리는 리더도 있다.

더욱 기가 막힌 것은 돈을 빌리고 갚지 않아 다운라인에게 피해를 입히거나 아니면 뭔가 구실을 만들어 돈을 뜯어내기까지 하는, 도저히 상식적으로 이해할 수 없는 리더까지 있는 것이다.

미국의 한 네트워크 비즈니스 회사가 일본 시장에 정식으로 오픈하기 전 제품과 커미션 시스템의 우수성에 대한 정보를 홍보하자 많은 사람들이 디스트리뷰터로 등록하기를 희망했다.

물론 정식으로 오픈한 상태가 아니었기 때문에 대부분 일본이 아닌 미국 등 이미 시장을 오픈한 나라에 살고 있는 것으로 해서 등록을 한 것이었다.

그런데 여기서 한 가지 큰 문제가 발생했다. 등록은 받았지만 주문을 대행하고 자신이 의뢰한 제품을 인수하여 일본까지 보내줄 만한 사람이 없었던 것이다. 거기다가 정식 오픈 전이라 제품은 본인만이 사용하도록 제한되어 있어, 제3자에게는 판매하지 못하도록 금지되어 있었다.

그러나 가능한 한 많은 사람을 조직에 끌어들이고자 했던 그들은, 제품의 우수성을 직접 느끼도록 하기 위해 그 분량만큼 무료로 배포할 생각으로 제품을 대량 입수하고자 했다.

그때 한 사람이 지혜를 발휘했다. 이미 시장을 오픈한 나라에 그들의 제품 주문과 접수, 일본으로의 발송 등을 대행하는 회사를 차린 것이다. 이것은 디스트리뷰터들 입장에서는 너무나도 고마운 일이었다.

처음엔 제품 발주와 발송을 대행하는 일만 담당했다. 그러나 제품에 대한 다양한 정보가 들어오지 않아 초조해하는 일본 체재 디스트리뷰터를 위해 신규 정보를 유료로 보내주는 비즈니스를 생각해냈다.

아울러 오픈이 결정되자 일본어 카탈로그가 만들어지고, 물건을 대량으로 주문해 많은 이윤을 붙여 판매하거나, 영어가 가능하지 않은 디스트리뷰터를 위해 본사에서 제작하고 있는 뉴스레터를 쉽게 번역해 유료로 판매하는 등 모든 수단을 동원하여 돈을 벌게 되었다.

어쨌든 제품을 주문할 때는 팩스 대금과 수수료를, 제품을 받을 때는 배송료와 수수료를, 그리고 새로운 정보를 제공받을 때는 팩스 대금과 수수료를 내야 했다.

게다가 그 수수료 금액은 턱없이 비쌌다. 이렇게까지 해도 되나 싶을 정도로 철저히 비즈니스화(좋게 표현해서 비즈니스화일뿐, 요는 약점을 이용하는 악덕 장사를 하고 있다)시켜 수단과 방법을 가리지 않고 돈을 벌었던 것이다.

자신의 조직 멤버를 존경하는 것이 비즈니스의 힘

필자도 최근 몇 년 동안 여러 네트워크 비즈니스를 지켜보아왔지만, 이렇게까지 사람의 약점을 이용하는 악랄한 장사꾼은 일찍이 본 적이 없다. 이런 사람의 머리 속에는 오로지 하나, 자기만 돈을 벌면 그만이라는 생각밖에 없는 것이다.

더구나 프레마케팅(정식으로 마켓이 오픈되지 않은 상태)이라는 특수한 비즈니스 사정을 이용하기 때문에, 그 누구도 직접 대놓고 불평을 할 수 없는 사정이 있다.

머리를 써도 이 정도로 쓰면 가히 예술의 경지라고 할 수 있을 것이다. 그런데 일본 시장이 오픈 된 다음에는 어떻게 되든 될 대로 되라는 식으로 적당히 해두면 그럭저럭 수입은 얻을 수 있다는 계산이 있었을 것이다.

실제로 어떤 리더든 한 번 큰 조직을 만들고 난 이후에는 중요한 활동은 하지 않아도 그럭저럭 수입은 얻을 수 있는 것이 네트워크 비즈니스라고 생각하는 경우가 많다.

어디서 그런 네트워크 비즈니스의 실상(이라 해도 겨우 일부이지만)을 배웠는지는 모르겠지만, 이후의 일은 상관없이 될 대로 되라는 식으로 행동하며, 일정 기간에 수단과 방법을 가리지 않고 돈을 모으는 일에 적극적이다.

이것은 '네트워크 비즈니스의 거품'이라고 할 수도 있을 것이다. 이러한 리더에게 속해 있는 사람들의 불만을 생각하니, 그 부서에 속하지 않았음에도 불구하고 몹시 화가 난다.

이러한 사람들은 모두 네트워크 비즈니스 세계에서 기피하는 대상이 된다. 일찍이 미국 네트워크 비즈니스 회사가 일본 시장을 오픈하기 전에, 그런 방법을 이용해서 조직 확대에 성공한 사람이 있었다.

그러나 그 사람은 이후에 어느 곳에 가서도 사람들로부터 따돌림을 당하며 수군거림의 대상이 되었던 기억이 난다.

그래도 그 인물은 디스트리뷰터로서는 최고의 지위를 획득하고, 변함없이 우아한 생활을 했다는 얘기를 들었다. 하지만 과연 매일 밤 편한 마음으로 잠자리에 들 수 있었을까.

네트워크 비즈니스를 똑같은 돈벌이로 인식한다 하더라도 사람의 도리 또는 상도(商道)를 벗어난 방법은 역시 안 된다. 그래도 좋다면 이야기는 달라지겠지만, 대부분의 사람들은 정직한 비즈니스를 하기 원한다.

정직한 비즈니스를 하기 위해서는 자신의 지위가 최고 위치까지 올랐을 때나, 가장 밑바닥까지 내려갔을 때나 혹은 경험이 풍부하고 부족한 것과는 상관없이 비즈니스 동료를, 특별히 같은 조직에 소속되어 있는 동료를 존경하는 일이 반드시 필요하다.

리더의 매력이 네트워크 비즈니스의 성공을 좌우한다

네트워크 비즈니스라는 것은 분명 사상운동적인 측면도 있지만, 그 이전에 인간과 인간이 힘을 합쳐 조직을 구축하는 휴먼 네트워크다.

네트워크(조직)의 구석구석에 아직 인정이 남아 있다면, 설령 지금은 사정이 좋지 않아 비즈니스 활동을 잠시 중단하고 있는 사람이 있다 하더라도

> 네트워크 비즈니스라는 것은 분명 사상운동적인 측면도 있지만, 그 이전에 인간과 인간이 힘을 합쳐 조직을 구축하는 휴먼 네트워크다.

어느 정도 시간이 흐르면 반드시 다시 활동할 것이라고 믿으며 끈기 있게 돌아볼 줄 아는 것이 중요하다.

제품이 전부, 돈이 전부라는 풍조가 해마다 강해지고 있지만, 이대로 오래 지속될 것이라고는 도저히 생각할 수 없다.

계속되는 불황 속에 네트워크 비즈니스도 커다란 어려움에 직면하고 있다. 경기가 호황일 때처럼 대충대충 제품을 사주던 시대는 이미 지난 것이다.

그렇지만 상대방에게 돈을 벌어주겠다는 생각 이전에 '이 제품은 내가 신뢰하고 있는 ○○씨가 소개해준 것'이라는 생각이 들게끔 한다면, 제품 구입을 포기하는 일은 결코 없을 것이다. 이것은 많은 사람(특히 애용자)들이 한결같이 하는 말이다.

서로가 서로를 따뜻한 마음으로 격려하는 가운데 네트워크는 확대될 것이며, 비즈니스라는 관점에 있어서도 보다 큰 성공을 거둘 수 있을 것이다.

이러한 따뜻함과는 무관한 즉, 모택동이 비판하고 있는 자가 당신의 조직 속에 있다고 하자. 이런 사람은 더 이상 끈질기게 쫓아다닐 필요가 없다.

오히려 인간의 진심을 유린하는 사람이 조직 내부에 있다면, 어차피 조직을 파괴할 인물이므로 당사자에게 따끔한 충고를 하고 인연을 끊는 것이 현명하다.

힘든 일을 남에게 미루는 리더에게
비즈니스 성공을 기대하기 어렵다

힘든 일은 우리 앞에 놓인 짐과 같은 것이며, 우리에게 책임질 용기가 있는지 묻고 있는 것이기도 하다. 짐에는 가벼운 것도 있고 무거운 것도 있다. 그 중에는 요령이 좋은 사람이 있어서 무거운 짐을 다른 사람에게 떠맡기고, 자신은 가벼운 것을 골라 짊어지는 사람이 있다. 이것은 올바른 태도가 아니다. 어떤 동지는 그와 반대의 모습을 보여준다. 좋은 것은 다른 사람에게 양보하고, 짐은 무거운 것만 골라 짊어지며, 힘든 일에는 앞장서서, 즐거운 일은 뒤에서 함께 한다. 이런 동지가 훌륭한 동지다. 우리는 이러한 공산주의자의 정신을 배워야 한다.(1939년 12월)

팀의 문제 처리에는 다운라인에 대한 정보 수집이 필수

위의 모택동의 말도 네트워크 비즈니스에 종사하는 리더뿐 아니라 일반 기업의 리더 입장에 있는 사람이라면 누구나 마음 깊이 새겨야 하는 리더십이다.

'네트워크 비즈니스'에 종사하고 있는 사람 중에는 바로 모택동의 말에 언급된 요령이 좋은 사람처럼 우선 즐겁게 돈을 벌어보자, 힘든 일은 딱 질색이니 피해보자라는 생각으로 비즈니스 활동을 하는 사람이 있다. 정말 안타까운 일이 아닐 수 없다.

네트워크 비즈니스에서의 '힘든 일'에도 여러 가지가 있다. 하지만 그 본질은 모두 인간과 인간의 관계에 기인하는 문제다. 회사와 같은 조직과는 크게 다르지만, 네트워크인 이상 역시 조직의 한 형태일 수밖에 없다.

다만 사무실이 없으면 조례도 없으며, 영업 할당량이 없으면 타임 레코더(시간 기록표)를 누를 필요도 없을 뿐이다.

하지만 비즈니스 현장은 사람과 사람의 접촉이 있는 곳이다. 말과 태도, 분위기, 성격이나 기질이 서로 부딪치면서 각기 다양한 자기 의견을 내놓는다.

어떻게 대응해야 좋을지 전혀 대책이 안 설 정도로 불협화음이 생기는 경우도 있다. 때로는 그 정도가 인내의 한계를 넘어설 때도 얼마든지 존재한다.

이럴 때 필요한 것이 바로 리더의 중재이다. 불 속에 있는 밤을 주울 사람 즉, 위험을 무릅쓰고 나설 사람은 역시 리더밖에 없다.

물론 그 이외에도 여러 가지 문제는 있을 것이다. 사무 처리상의 문제, 연락의 차질, 사소한 연락 누락 등등……. 그러나 그러한 사소한 일을 그냥 지나치면 반드시 그 사람의 마음에 깊은 상처로 남게 되며, 그것이 누군가에 대한 깊은 불신감으로 이어질 수도 있다.

상황이 이렇게 확대되면 사무 처리상의 문제로 끝나는 것이 아니라, 심각한 인간 관계의 문제로까지 확대되어 더욱 어려워진다.

모택동의 말에 다음과 같은 구절도 있다.

"비판은 일이 일어나고 있을 때 해야 한다. 언제든 일이 끝난 다음에 비판하는 버릇을 가져서는 안 된다."(1955년 7월)

이 말은 혁명에서 '비판'이 되겠지만, 네트워크 비즈니스에서는 '문제 처리'로 바꿔 생각해도 좋을 것이다.

문제 처리를 맡는 일은 누구나 꺼려하는 일이다. 누군가에게 상처를 주지나 않을까, 자신에게 비판의 화살이 돌아오지는 않을까하는 생각을 하기 때문이다.

그렇다고 해서 아무런 대책도 없이 손을 놓고 있다가는 조직이 붕괴되는 비극을 초래할 수 있다. 그 점을 생각할 때 역시 리더가 먼저 앞장서서 문제 해결에 나서는 것이 바른 태도다.

심각한 문제, 심한 다툼, 많은 사람이 얽힌 문제들, 그런 어려운 문제들이 발생할 때는 주저하지 말고 과감히 도전한다. 그 자세만으로도 주변 사람들의 신뢰를 얻는 큰 요인이 된다.

흔히 문제는 해결하지 않으면 의미가 없다고 한다. 그러나 반드시 그런 것은 아니

> 잘못된 정보를 바탕으로 처리하려고 할 경우 오히려 문제를 악화시킬 수도 있다. 우선 정확한 정보를 모아 검토한 다음 판단을 내려 행동으로 옮겨야 한다. 그러기 위해서 끊임없는 학습은 불가결한 것이며, 리더로서 그것을 게을리 해서는 안 된다. 바쁘고 몸이 피곤하더라도 항상 학습하는 태도를 잊어서는 안 된다.

다. 문제를 해결하려는 자세, 마음가짐이 있는지도 매우 중요하다. 그런 경우 결과에 대해 문제삼는 사람은 별로 없다.

또한 어떤 문제나 마찬가지이지만 관계자 전원이 상처를 입지 않도록 문제를 해결할 수 있다는 기대는 갖지 않는 게 좋다. 누군가 어딘가에서 깊이의 차이는 있겠지만 반드시 상처를 받게 되어 있다. 그것은 많은 사람들이 알고 있는 사실이다.

물론 상처받은 사람을 가능한 한 적게 하고, 또 상처 정도를 가능한 한 깊지 않게 하려면 다운라인에 대한 정보 수집이 필수가 된다.

잘못된 정보를 바탕으로 문제를 처리하려고 할 경우에는 오히려 사태를 악화시킬 수도 있다. 우선은 정확한 정보를 모아 검토하고 분석한 다음 판단을 내려 행동으로 옮겨야 한다.

그러기 위해서 끊임없는 학습은 불가결한 것이며, 리더로서 그것을 게을리 해서는 안 된다. 아무리 바쁘더라도 아무리 몸이 피곤하더라도 항상 학습하는 태도를 잊어서는 안 된다.

대도시보다는
지방 중소도시를 공략하는 것이 더 효율적이다

우리의 군사 원칙은 다음과 같다.(중략)

2. 먼저 소도시·중도시 및 광대한 농촌을 공략한 후 그 다음에 대도시를 공략한다.(중략)

5. 준비되지 않는 전투, 승산 없는 전투는 하지 않는다. 어떤 전투라도 최선을 다해 준비를 갖추고, 적군과 아군의 조건을 비교하여 승산 있는 싸움이 되도록 한다.(이하 생략)(1947년 12월)

대도시는 중소도시보다 커뮤니케이션의 밀도가 얕다

'군사 원칙'이란, 물론 네트워크 비즈니스의 조직을 확대해 나갈 '전쟁'을 의미한다. 그리고 네트워크 비즈니스에서 말하는 '일'이란 바로 '전쟁'이다. 왜냐하면 전례가 없는 비즈니스 스타일이기 때문이다.

다만 전례가 없다고는 해도 최근 들어 몇 차례 비즈니스의 전례가 축적되고 있다. 그러나 그것이 100% 정확한지는 아직 신뢰성이 없다고 할 수 있을 것이다.

예를 들어 네트워크 비즈니스는 도시적 비즈니스 스타일이라고 하는 일종의 경험 원칙과 같은 것이다. 일단 용어 자체가 외래어로 되어 있어서 많은 사람들이 그렇게 생각하는 것 같다.

실제로 각종 네트워크 비즈니스를 보면 도시 회의장을 이용하여 세미나나 연구회가 개최되는 모습을 볼 수 있다.

물론 이것은 교통이 편리하기 때문인데, 그렇다면 거기에 모인 사람들이 모두 그 도시에 살고 있는가 하면 꼭 그렇지만도 않다. 오히려 그 도시의 주변에 사는 사람들이 더 많다.

즉, 네트워크 비즈니스의 조직을 확대해나갈 대상은 결코 도시, 그것도 대도시로 한정할 필요는 없다는 결론이 나온다.

오히려 모택동이 지적한 것처럼 지방 소도시나 중도시를 목표로 삼는 것이 더 낫지 않을까 하는 것이 필자의 생각이다.

우선 애용자를 생각해보자. 애용자란, 그 제품이 어떤 종류의 것이든 상관없이 직접 디스트리뷰터에게서 구입하는 사람을 말한다. 이것은 전화 한 대면 비즈니스가 가능하며, 이러한 수요는 대도시나 지방 중소도시에 관계없이 존재한다.

아니, 오히려 제품이 아주 좋아 애용자로부터 호응을 받는다면, 소매 점포 수가 제한되어 있는 지방 소도시나 중도시 쪽이 오히려 수요가 더 많을지도 모른다.

그렇다면 비즈니스로서는 또 어떨까. 이 문제 역시 지방 소도시나 중도시에 살고 있는 사람들은 대도시에 살고 있는 사람들보다 커뮤니케이션에 유리하므로, 대도시보다 오히려 확대 속도가 빠르다는 것이 대다수 디스트리뷰터의 의견이다.

대도시의 경우 사람 수가 많은 것은 사실이지만, 커뮤니케이션이라는 점에서 아무래도 불리한 점이 있다.

네트워크 비즈니스의 본질은 커뮤니케이션 비즈니스

네트워크 비즈니스의 본질은 커뮤니케이션 비즈니스다. 사람과 사람의 마음의 교감이 어느 정도 깊게 이루어지느냐에 따라 조직의 결속력이 결정된다.

예를 들어 세미나 개최를 기획했다고 하자. 이때 참석하라는 전화 한 통화에 즉시 달려올 수 있는 사람의 수는 그 조직의 결속력을 말해준다. 그런데 그 결속력은 일반적으로 커뮤니케이션의 정도에 따라 결정된다.

게다가 대도시 사람은 여러 가지 일로 너무 바쁘다 하루 24시간이 부족할 정도로 바쁘게 살아간다. 잠시 한눈을 팔다가는 서로에게 먹고 먹히는 치열한 생존 경쟁에서 살아남기 어렵다는 식으로 말하는 사람이 있을 정도다.

대도시에 살고 있는 사람들의 경우 매일 뭔가에 바삐 쫓기는 듯한 심리 상태에 있는 사람이 많은 그 이유는 도시 사회 그 자체가 워낙 빠르게 움

> " 네트워크 비즈니스의 본질은 커뮤니케이션 비즈니스다. 사람과 사람의 마음의 교감이 어느 정도 깊게 이루어지느냐에 따라 조직의 결속력이 결정된다. "

직이기 때문에 마음의 여유가 없는 것이다.

그러나 지방의 경우는 다르다. 도청 소재지에 사는 사람일지도 대도시에 사는 사람에 비해 상당히 여유로운 편이다. 또한 지역 활동 등도 대도시보다 훨씬 활발하다. 그 점은 네트워크 비즈니스에 있어서 매우 유리한 면이라고 할 수 있다.

뿐만 아니라 지방 사람들이 도시 사람보다 사물을 보는 시각이 대개는 순수하다. 상대편이 말을 할 때 그 속셈이 뭘까 생각하거나 한 번쯤 비꼬아서 반응하는 사람이 별로 없다.

넘쳐나는 정보의 홍수 속에 피해를 입는 사람이 많은 대도시와는 결정적으로 다르다. 그런 점에서 지방 소도시나 중도시를 목표로 조직을 확대할 수 있는 최고의 기회로 삼는 것도 네트워크 비즈니스 확대 방법의 하나일 것이다.

'그러나 단순히 지방 소도시나 중도시라고 해서 다 좋은 것만은 아니다. 그것은 어디에 살고 있든 인간은 인간이기 때문이다. 그 점을 잊고 도시 티를 낸다거나 하면 오히려 빈축을 사기 쉽다. 순진한 사람들이지만 그런 경우에 보이는 반응은 더 무섭다.

순수한 사람들과 '전쟁'을 하려면 이쪽에서도 역시 가식없이 순수해져야만 한다. 다만 머리 속으로는 주도면밀한 준비를 하고 마음의 준비를 해두는 것은 당연한 일이다.

그렇다면 구체적으로 어떤 것을 말하는가.

그것은 어떤 스타일의 네트워크 비즈니스를 해나가든지 그 본질은 커뮤니케이션이라는 것을 이해시키기 위한 설명이다.

또한 커뮤니케이션에는 생각한 것 이상의 가치가 있다는 것을 이해시킬 필요가 있으므로, 이 점을 보다 알기 쉽게 설명할 수 있어야 한다.

실수는 누구나 하는 법,
그 실수를 원만하게 해결하는 게 리더의 역할

진지한 자기 비판 유무, 또한 우리와 다른 정당을 구별하는 현저한 지표 중 하나가 된다. 우리는 이렇게 말한다. '집은 늘 깨끗이 청소를 해야 한다. 깨끗이 치우지 않으면 먼지가 쌓인다. 얼굴은 항상 씻어야 한다. 씻지 않으면 얼굴이 지저분해진다'고.

우리 동지들의 사상, 우리 당의 공작에도 먼지가 쌓인다. 이것도 청소를 하거나 씻어줄 필요가 있다. '흐르는 물은 썩지 않는다'는 속담은, 흐르는 물이 쉼 없는 운동을 통해 미생물이나 그 밖의 생물의 침식에 대항하는 것을 말하고 있다.

우리에게 있어서 늘 활동을 점검하고, 점검 중에 민주적 활동 방법을 넓혀나가며, 비판과 자기 비판을 두려워하지 않고, '알고 있는 것은 뭐든지 좋다, 말하고 싶은 것은 모두 말한다', '말하는 사람은 죄가 없으며, 듣는 사람은 처벌하도록 하자', '실수가 있으면 고치고 없으면 더욱 정진한다'라고 말한 유익한 중국 인민의 격언을 실행하는 것은 바로 여러 정치적 먼지, 정치적 미생물이 우리 동지의 사상과 우리 당의 신체를 침식하는 데에 대항하는 유일 유효한 방법이다.(1945년 4월)

악의 싹은 일찍 잘라야 조직이 활성화 된다

네트워크 비즈니스는 아직 전례가 부족한 비즈니스다. 그렇기 때문에 조직을 확대해가는 과정에서 여러 문제가 발생하게 된다. 그리고 그 문제 역시 각양각색이며 그때마다 각각의 회답을 줄 필요가 있다.

그러나 그런 다양한 문제 가운데, 조직마다 다른 방향으로 유도하거나 의욕을 잃게 만드는 행동을 방치하는 일만은 절대 용납해서는 안 된다. 흔히 볼 수 있는 행동으로는 약사법을 위반한 제품 판매(건강식품이나 화장품의 경우), 또는 방문판매법에 위반된 강제 판매 방법 등이다.

예를 들어 건강식품 등의 경우, '이 ○○를 먹고 암(당뇨병, 고혈압 등 구체적인 병명을 든다)이 완치됐다' 등의 내용이 담긴 인쇄물을 허가 없이 제작해 여기저기에 배포하는 디스트리뷰터가 어딜 가나 있다. 이것은 분명히 약사법 위반이며 발각 즉시 처벌받게 되어 있다.

특히 누구나 자유롭게 참가할 수 있는 형식의 오픈된 세미나나 연구회 참석자 중 누군가가 소비자 센터나 보건복지부 등에 그 사실을 알리지 않으리라는 보장이 없다. 그럴 경우 상급기관으로부터 조사를 받거나 발매원인 회사가 경고

> 네트워크 비즈니스라는 조직을 확대해가는 과정에서 여러 문제가 발생한다. 다양한 문제 가운데 조직마다 다른 방향으로 유도하거나 의욕을 잃게 만드는 행동을 방치하는 일만은 절대 용납해서는 안 된다.

를 받게 되는 등 단순히 개인적인 문제에서 끝나지 않는다는 것을 명심해야 한다.

그렇기 때문에 조직을 이끄는 리더는 그러한 일이 발생하지 않도록 늘 주의를 기울여야 한다. 그와 동시에 그런 사태가 발생했을 경우에는 의연한 태도로 사건의 심각성을 판단하고 대처할 줄도 알아야 한다.

또한 조치를 취했음에도 불구하고 태도를 개선하지 않는 자에 대해서는 적당한 장소를 마련해 자기 비판을 시키고, 다시는 이런 일을 저지르지 않겠다는 각서를 받는 등의 방법을 강구해야 한다.

이렇게 확실히 해두지 않고 적당히 넘어가게 되면 제품을 선전한다는 핑계로, 여기저기서 비슷한 일들이 끊임없이 발생한다.

만일 그 일로 보건복지부나 경찰이 나서게 되면 다시 돌이키기 힘든 사태까지 가게 된다. 제품을 판매하는 그룹은 자신이 속한 그룹만이 아니라, 다른 곳에 소속된 사람들도 매우 많다. 그런 사람들에게 피해를 줄 수 있는 일은 애초에 막아야 한다.

자기 비판 목적을 착각해서는 안 된다

물론 자기 비판을 시키는 일은 이밖에도 얼마든지 많이 나올 가능성이 있다. 그런 움직임이 발견되는 즉시 서둘러 손을 쓰고 잘못을 바로잡아야 한다.

그 장소도 밀실의 협의 같은 형태가 아니라 가능하면 오픈된 형태로 문제를 공개하는 것이 바람직하다. 물론 문제의 성질에 따라서는 밀실에서의 해결 방법이 더 좋을 때도 있다.

그렇지만 조직 전체의 활동에 관한 것에 대해서는 문제를 공유한다는 의미에서 공개적으로 시행하는 것이 좋다.

그렇게 되었을 경우 어떤 일은 해도 되고, 어떤 일은 절대 해서는 안 된다는 사실이 공지된다. 그 이유는 다른 디스트리뷰터가 교훈으로 삼을 수도 있기 때문이다.

자기 비판이라는 것은 그 사람을 윽박지르거나 기를 죽이는 것이 목적은 아니다. 어디까지나 조직의 활동을 보다 원활하게 진행해 나가기 위한 것이 그 목적이다.

그러므로 '말하는 사람에게는 죄가 없다'는 말처럼, 문제를 드러낸 시점에서 그 당사자는 '면죄'받는다고 생각하는 것이 좋다.

신입 디스트리뷰터 중에는 네트워크 비즈니스가 아직 익숙하지 않기 때문에 크고 작은 잘못을 늘 저지를 수 있다. 그 중에서도 큰 문제는 이러한 형태로 처리하도록 노력하는 것이 리더의 역할이자 책임이기도 하다.

리더는 그런 상황에 확실히 대처하면서 비즈니스를 실행해나가면 좀더 현명해지고 일처리도 훌륭하게 해낼 수 있게 된다고 모택동은 말하고 있다.

"잘못을 통해 받은

비판은 우리에게 가르침을 주었기 때문에, 우리는 비교적 현명해지고 일 처리도 훌륭히 해낼 수 있게 되었다."(1949년 6월)

모택동은 나아가 그 이후에,

"어떤 정당이나 개인도 실수는 피하기 어렵다. 우리가 요구하는 것은 실수를 적게 하는 것이다. 잘못을 저지른 다음 개선하는 것이 빠르면 빠를수록, 철저하면 철저할수록 좋다."

라고 말한다. 그러한 경험들은 조직을 보다 더 충실하게 만들어가는 데 도움이 되며, 이와 관련된 사람들은 누구나 기분 좋게 비즈니스에 참여할 수 있게 된다.

감정적·자의적인 비판이 이뤄지면 네트워크 단결력은 약해진다

모택동의 말

> 당내 비판에 있어서는 주관적 독단과 비판의 비속화를 막아야 한다. 발언할 때는 근거가 있어야 하며, 비판할 때는 정치에 유의해야 한다.(1929년 12월)

상황이나 환경을 잘 파악해 비판하는 것도 리더의 역할

여러 문제가 발생했을 때 비판의 중요성에 대해서는 전항에서 다룬 바 있다. 하지만 위의 모택동 말은 그냥 함부로 비판을 해서는 안 된다는 리더십을 가르쳐주고 있다.

즉, 자칫하면 비판하는 사람의 주관적 독단에 의해 사람을 일방적으로 매도할지도 모르기 때문이다. 그리고 그러한 주관적 독단에 빠지는 것은 때때로 감정이 상하게 되는 경우가 있다는 점에 유의해야 한다.

평소 어느 개인에게 가졌던 감정적 불만이 비판이라는 그럴듯

하게 말만 바꾼 형태로 여기저기서 터진다면 조직의 단결력은 약해져 제대로 기능할 수 없다.

그러므로 리더는 그러한 비판이 뚜렷한 근거를 바탕으로 이뤄지는지에 세심한 주의를 기울이는 것이 중요하다.

그렇게 하지 않으면 평소 열심히 비즈니스 활동을 하는 사람에게 상처를 주거나, 그 사람의 의욕을 떨어뜨려 조직의 전력에 큰 손실을 가져다 줄 우려가 있기 때문이다.

또한 '정치에 유의해야 한다'는 말의 의미도 중요하다.

정치하면 왠지 어려운 것처럼 들리지만, 요는 자신들의 조직 전체가 그러한 비판을 표면에 드러냄으로써 어떤 방향으로 변화할 것인가를 뜻한다. 이 말은 '분위기'라는 말로 바꿔 표현해도 좋을 것이다.

많은 사람이 의욕에 넘쳐 흥분해 있는 분위기에 찬물을 끼얹을 필요는 없다. 원칙대로라면 철저한 비판을 통해 수정해야 할 일도, 그때의 상황이나 환경을 잘 파악한 다음에 실행하는 것도 리더가 판단해서 결정할 일이다.

물론 누가 봐도 위법이라고 판단될 때는 그 즉시 시정하도록 해야 한다. 그렇지만 이 경우에는 해당되지 않는 얘기다. 이런 상황에 '정치'를 끌어들여서는 안 된다.

그렇게 하지 않을 경우에는 매우 위험한 활동 방법이긴 하지만, 많은 사람들의 기분이 좋을 때는 그냥 잠시 지켜보면서 적당한 시기에 비판하며 문제삼는 것이 좋다.

물론 네트워크 비즈니스에서는 결과 지향주의를 흔히 볼 수 있다. 그러나 결과도 나오지 않은 상황에서 문제의 소지가 있으니 당장 그만 두게 하면 누구나 위축되고 만다.

이런 상황은 가능하면 만들지 않는 게 좋다. 그래서 비판할 때는 시기를 적절히 맞춰가면서 문제를 처리하는 것이 바람직하다.

비판은 조직을 위한다는 마음으로 해야 한다

모택동은 이런 이야기도 하고 있다.

"당내 비판은 당의 조직을 강화하고 당의 전투력을 증강하기 위한 무기다. 그러나 적군의 당내 비판 가운데 약간은 개인 공격으로 변하는 경향이 있다. 그 결과 개인에게 상처를 입히게 될 뿐 아니라 당의 조직에도 손해를 끼치게 된다. 이것은 소위 부르주아 개인주의의 표현이다. 시정하는 방법은 비판 목적이 당의 전투력을 증강하여 계급 투쟁의 승리를 달성하는 것이며, 비판을 개인 공격의 도구로 이용하지 않도록 당원에게 이해시키는 것이다."(1929년 12월)

이 경우 이테올로기적인 부분이 상당히 많이 내포되어 있지만, 그래도 '조직'의 강화라는 관점에서 살펴보면 매우 배울 점이 많은 내용이다.

비판은 어디까지나 자신들의 조직이 보다 커지고 그 내용도 충실해지기 위한 목적일

> 비판은 어디까지나 자신들의 조직이 보다 커지고 그 내용도 충실해지기 위한 목적일 때에만 허용되어야 하며, 누군가를 쓰러뜨리거나 상처를 주기 위한 것이어서는 절대 안 된다.

때에만 허용되어야 하며, 누군가를 쓰러뜨리거나 상처를 주기 위한 것이어서는 절대 안 된다.

어느 특정 개인이 상처를 입을 뿐 아니라 네트워크 비즈니스의 경우, 그 사람이 이끄는 조직 전체가 의욕을 상실하거나 활동을 중단하게 되는 결과를 초래할 수 있기 때문이다.

비판할 때 자기 주장이 섞여 나오는 것은 피할 수 없는 일이지만, 가능하면 주관적 판단을 배제하고 있는 그대로를 비판할 수 있는 객관적인 판단을 내릴 수 있느냐가 중요하다.

그러므로 비판을 할 때에는 조직을 위하는 마음으로 비판한다는 자세를 청중들에게 이해시킬 수 있어야 하며, 그 점에 유의한다면 자기 고집도 최소한도로 줄일 수 있을 것이다. '정치'란 바로 그런 의미이다.

제6장

전쟁

전쟁을 통해 전쟁을 배운다

문제가 발생했을 때
그 즉시 분석해 교훈을 이끌어내라

일이 발전하는 근본 원인은 일의 외부에 있는 것이 아니라 일의 내부에 있으며 그것은 그 모순성에 있다. 어떤 일이든 내부에는 이러한 모순성이 있으며 그것은 일의 운동과 발전을 일으킨다. 일 내부의 이러한 모순성이 일이 발전하는 근본 원인이며, 어떤 사물과 다른 사물의 상호 관련 및 상호 영향이 사물 발전의 2차적 원인이다.(1937년 8월)

항상 사람들의 의식 구조를 조사하고 분석하라

조직을 만들어 확대시켜 나가는 과정에서 여러 문제에 부딪치는 것은 당연한 일이다. 그러나 중요한 것은 그 문제를 어떻게 해결하고, 또 이를 통해 유익한 교훈을 얻어낼 수 있느냐에 있다.

그것을 통해 어떤 일이든 발전해나갈 수 있는 방법을 발견할 수 있어야 한다는 것이 모택동의 생각이다. 조금 어렵게 얘기하자면 변증법이라고 표할 수 있다. 그렇지만 네트워크 비즈니스에서는 아무래도 상관없다.

우리는 때때로 뭔가 문제에 부딪치면 그것을 피해가려고 한다. 그러나 그것을 피해간다고 해서 문제가 해결되는 것은 아니다. 그때는 일시적으로 봉합될지는 모르지만, 시간이 지나면 또 다시 같은 문제에 봉착하게 된다. 그 문제가 보편적인 것일수록 그러한 경향은 더욱 뚜렷하게 나타난다.

예를 들어 자신들이 비즈니스를 가능한 많은 사람에게 소개해줄 기회를 만들었다고 하자.

그러나 거기에 참가하는 사람의 의식은 모두 다르다. 같은 말을 들어도 그 자리에서 이해하는 사람이 있는가 하면 전혀 알아듣지 못하는 사람이 있다.

이와 같은 수준 차이를 무시하고 같은 강사가 항상 똑같은 내용을 전달하게 되면, 참석한 사람의 일부는 반드시 놓치게 되어 있다.

그런 현실을 그냥 지나칠 수도 있지만, 네트워크 비즈니스를 숙지한 사람은 결코 그런 실수는 하지 않는다. 문제점을 철저히 분석하고, 어디를 어떻게 개선할 것인가를 생각하는 것이다.

그러한 모임(연구회나 세미나)을 참가자의 수준에 맞게 몇 가지 종류로 나누는 것이 좋은지, 아니면 전반과 후반으로 나누어 도중에 코스를 나눌 것인지 등의 방법을 모색한다.

그리고 이때 중요한 것은 참가자 자신이 어떻게 느끼고 있는가

> **현재 부딪치고 있는 문제점을 다양한 각도에서 바라보고 분석한다. 이 분석 작업이 실제로는 가장 중요하다.**

를 분석하는 일이다. 그 작업을 게을리 하고 주최자의 감상만을 아무리 외쳐봤자 별로 유효한 의견은 나오지 않는다.

오히려 최근 비즈니스에 갓 참여하기 시작한 신인의 의견을 중시하는 편이 나을지도 모른다. 그의 견해가 지금까지 해왔던 기존의 비즈니스맨과 달리 신선할지도 모르기 때문이다.

이런 식으로 현재 부딪치고 있는 문제점을 다양한 각도에서 바라보고 분석한다. 이 분석 작업이 실제로는 가장 중요하다.

이와 관련하여 모택동 말을 소개하고자 한다.

"레닌은 구체적 상황을 구체적으로 분석하는 것을 '마르크스주의의 진수이며, 동시에 살아있는 영혼'이라고 표현했다. 우리 동지들 가운데에는 분석적인 두뇌를 거부하고, 복잡한 일에 대해 반복적으로 깊이 분석하거나 연구할 생각은 하지 않고, 절대적 긍정 또는 절대적 부정의 단순한 결론을 내려는 사람이 많다. ……앞으로는 이러한 상황을 개선해야 한다."(1944년 4월)

즉, 문제가 발생했을 때 그 즉시 분석에 착수하는 일은, 설령 그때 그 장소에서는 해결이 불가능했을지라도 다음에 일이 벌어졌을 때 해결 방도를 얻는 가장 좋은 방법이다.

문제의 긴급성과 중요도를 파악해 적극적으로 대처하라

그러므로 문제가 일어나는 것을 부정적으로만 생각할 것이 아니라 오히려 기뻐해야 한다. 거기에는 반드시 미래에 자신들의 조직에 도움이 되는 일이나 교훈이 숨겨져 있기 때문이다.

뿐만 아니라 작은 문제라고 해서 소홀히 해서는 안 된다. 문제가 크든 작든 문제는 문제로서 그 자리에서 정확히 대처해야 한다는 점에 유의해야 한다.

그리고 그때 '구체적 상황을 구체적으로 분석하는' 것이 중요하다고 모택동은 말한다. 문제를 추상적인 차원으로 돌리는 것은 금물이라는 얘기다. 추상적인 차원으로 끌어올리는 것은 문제를 해결한 이후에 해도 늦지 않은 작업이다.

여기저기서 일어난 크고 작은 문제에 공통되는 사항을 파악하게 되면, 많은 문제를 단숨에 해결하는 방법 또한 쉽게 발견하게 된다.

그 공통사항을 파악하는 작업은 리더의 몫이다. 거꾸로 말하면 그러한 추상화 작업을 할 수 없는 사람은 리더로서 자격이 없다라고 말할 수 있다.

또한 조직 전체의 사활이 걸린 본질적 차원의 문제가 발생한 경우와 그와 다른 비교적 사소한 문제인 경우에 어떻게 대응하느냐도 리더의 중요한 임무이다. 사소한 문제에 집착하거나 주의를 빼앗기다 보면 쓸데없는 에너지를 낭비하게 되기 때문이다.

그런 의미에서 모택동의 말은 시사하는 바가 매우 크다.

"이들 동지가 문제를 보는 방법은 잘못되어 있다. 그들은 문

> 66 크고 작은 문제에 공통되는 사항을 파악하게 되면 많은 문제를 단숨에 해결하는 방법 또한 쉽게 발견하게 된다. 그 공통사항을 파악하는 작업은 리더의 몫이다. 반대로 그러한 추상화 작업을 할 수 없는 사람은 리더로서 실격이다. 99

> *하찮고 사소한 문제와 본질적인 문제를 먼저 구별하고, 그 이후에 양쪽 모두 해결하도록 전력해야 한다. 그것을 귀찮게 여긴다면 문제는 절대 해결되지 않는다. 그뿐 아니라 암세포와 같이 점차 다른 곳으로까지 전이될 위험까지 가지고 있다.*

제의 본질적인 면인 주류 면을 보려고 하지 않고, 본질적이지 않은 비주류인 면만을 강조하고 있다. 따라서 본질적이지 않은 비주류 면의 문제도 소홀히 하지 않으면서 하나 하나 해결해 나갈 수 있어야 한다. 그러나 이러한 문제들을 본질적인 주류의 문제로 간주하고 자기의 방향을 잃어버리는 일은 없어야겠다."(1955년 7월)

즉, 하찮고 사소한 문제와 본질적인 문제를 먼저 구별하고, 그 이후에 양쪽 모두 해결하도록 전력해야 한다는 얘기다.

물론 하찮은 문제라 할지라도 긴급한 상황에 처해 있는 것은 그 즉시 해결을 서둘러야 한다. 적절한 시기를 파악하는 일은 언제나 중요하기 때문이다.

다만 그렇다고 해서 언제까지 그 일에만 매달릴 수는 없다. 힘을 쏟아야 한다는 것은 본질적인 문제를 두고 하는 말이다. 분명히 해결까지는 상당한 시간이 걸릴 것이다.

또한 보다 많은 사람들의 진심어린 의견을 이끌어내야 하는 번거로운 작업도 필요하다. 그러나 그것을 귀찮게 여긴다면 문제는 절대 해결되지 않는다. 그뿐 아니라 암세포와 같이 점차 다른 곳으로까지 전이될 위험까지 가지고 있다.

오늘날 불경기의 근본적인 원인은 잘못된 금융 정책에 있다는 의견이 지배적이지만, 이 역시 문제를 뒤로 미룬 결과이다. 문제는 될 수 있는 한 빨리 서둘러 해결해야 한다.

　그때는 다소 희생을 감수해야 할 상황이 생기기도 하지만, 나중에 가서 생각해보면 그 정도의 희생으로 끝난 것이 정말 다행이라는 견해가 반드시 주류를 이루게 될 것이다.

　그럼에도 불구하고 약간의 희생을 꺼린 나머지 문제를 뒤로 미루게 되면, 나중에는 결코 돌이킬 수 없는 사태로 몰고갈 위험마저 생기게 된다.

문제 해결사에는 인간의 감정 기복을 고려하라

일면성이란 사상의 절대화이며, 형이상학적으로 문제를 보는 것이다. 우리의 활동이 생각하기에 따라 전면 긍정하는 것도, 전면 부정하는 것도 모두 일면적이다. ……전면 긍정이란, 좋은 면만 보이고 나쁜 면은 보이지 않는 것이며, 칭찬은 해도 비판은 하지 않는 것을 말한다. 우리의 활동이 모두 순조롭다는 것은 칭찬은 해도 비판은 하지 않는 것이다. 우리의 활동이 모두 순조롭다는 것은 사실에 맞지 않는다. 모든 것이 순조롭지 않고 결함이나 실수가 많다고 해서 다 형편없는 것도 아니고, 이것도 사실에 맞지 않는다. 전면 부정이란, 분석조차 하지 않고 모든 일이 전부 형편없다고 생각하는 것이며, 사회주의 건설과 같은 위대한 사업도 수억이나 되는 인간이 모여 싸우고 있는 위대한 투쟁도, 모두가 말할 가치도 없는 쓸모없는 짓이라고 말한다. 이러한 견해를 가진 많은 사람들은 그 사회주의 제도에 적의를 품은 사람들과는 같지 않다 하더라도, 그러한 견해는 대단히 잘못된 것이며 유해할 뿐더러 인간으로 하여금 확신을 잃게 만들 뿐이다. 전면 긍정의 관점이나 전면 부정의 관점 모두 한쪽에 치우쳐 우리의 활동을 보는 것은 모두 옳지 않다.(1957년 3월)

문제를 처리할 때는 당황하지 않는 것이 중요하다

사람들의 나쁜 버릇 중에 문제를 해결할 때 흑이면 흑, 백이면 백이라는 식으로 선을 명확히 긋지 못하는 면이 있다.

그렇지만 해결을 위해 아무 것도 하지 않고 있으면, 결국에는 흑인지 백인지가 뚜렷하지 않아 회색인 채로 남게 된다.

이렇게 되면 문제는 점차 뿌리가 깊어지고, 결국에는 해결할 수 없는 사태까지 가게 될 우려가 있다.

그런데 그 가운데에는 성질이 급한 사람이 있어서 한시라도 빠른 해결을 생각한 나머지 이렇다 할 근거도 없이 흑과 백을 나눠버리는 경우가 있다. 그러나 이런 행동은 그 나름대로 너무 조급한 행동이라는 평을 받는다.

> 66 100% 흑이거나 100% 백인 것은 별로 없다. 그렇게 단언하기까지는 자기 자신에 대한 상당한 믿음이 필요하다. 그 믿음의 증거가 바로 정보다. 99

어떤 일이든 마찬가지이지만 100% 흑이거나 100% 백인 것은 별로 없다. 그렇게 단언하기까지는 자기 자신에 대한 상당한 믿음이 필요하다. 그런데 그 믿음의 증거는 바로 정보다.

그 정보가 모두 남을 통해 들은 얘기거나 소문이라면 자신은 더욱 없어진다. 그런데 그것을 마치 사실인 양 믿어버리는 사람도 있으므로 매우 조심스럽게 확인해볼 필요가 있다.

사람에 따라 같은 일도 완전히 정반대의 평가를 내리는 경우를 흔히 볼 수 있다. 그 정도로 사람의 평가는 각양각색이다.

그러한 부분에 주의하여 될 수 있는 한 많은 정보를, 그것도 객관적인 관점에서 끈기 있게 수집하고 분석해나가는 것이 조직을 이끄는 사람에게 맡겨진 중요한 임무다. 모택동은,

"대상을 제대로 인식하려면 대상의 모든 측면, 모든 관련과 '매개' 관계를 파악하고 연구해야 한다. 이것을 완벽히 할 수는 없겠지만, 전면성을 요구함으로써 실수를 막고 사고의 노화를 방지할 수는 있을 것이다."

라는 레닌의 말을 인용하면서 다음과 같이 이야기하고 있다.

"우리는 그의 말을 명심해야 한다. 표면성은 모순의 전체를 볼 때 모순의 각 측면의 특질을 보려 하지 않고, 사물 내부를 파고들어 모순의 특질을 상세히 연구할 필요성을 부정하거나, 그저 멀리서 관망하며 대충 모순의 양상을 지켜보는 것만으로 속히 모순 해결(문제에 대한 해답, 분쟁의 해결, 일의 처리, 전쟁의 지휘)에 나서도록 한다. 그러나 이러한 방법으로는 분쟁이 일어날 수밖에 없다."(1937년 8월)

발생한 문제의 해결을 서두르는 것은 당연한 태도이다. 그러나 그렇다고 해서 그 본질을 파악하지 못하고 해결을 위한 해결책만을 강구하는 것은 오히려 문제를 더 복잡하게 만든다.

연을 날릴 때 연줄이 뒤엉겨버렸을 때를 생각해보면 쉽게 이해가 될 것이다. 처음으로 돌아가기 위해서는 많은 시간과 끈기가 필요하며 현실적으로 너무 힘들다. 모택동은 그러한 사태에 빠지

지 말고 대상을 제대로 인식하라고 경고하고 있는 것이다.

네트워크 비즈니스는 인간 관계 문제를 피할 수 없다

문제나 싸움을 좋아하는 사람은 아무도 없다. 가능하다면 피하고 싶은 것이 사람의 마음이다. 그러나 인간과 인간이 관계를 맺고 일을 진행하는 것이 본질인 네트워크 비즈니스는 인간 관계를 둘러싼 분쟁이나 문제의 발생을 결코 피해갈 수 없다.

이 경우 인간의 감정이라는 면이 문제를 더욱 복잡하게 만들 가능성도 있다. 때문에 정확한 정보를 수집하고 에너지를 쏟아야 하며, 차분하게 어느 정도 시간을 갖는 것이 중요하다.

레닌도 그 어려움에 대해서는 이미 간파하고 있었다. '이 문제를 완벽히 해결할 수는 없다'고 말했던 것이다.

하지만 현실적으로는 곤란하다 하더라도 '전면성을 요구함으로써 실수를 막고, 사고의 노화를 방지할 수는 있다'는 그 자세를 잊어서는 안 된다.

더욱이 감정이 얽힌 인간 관계의 갈등을 관계자 전원이 100% 완벽하게 해결한다는 것은 생각하기 어렵다. 그렇지만 사태가 원만히 해결되도록 힘쓰는 것이 네트워크 비즈니스에 종사하는 사람, 특히 큰 비즈니스 조직을 만들겠다고 생각하는 사람들이 절대 잊어서는 안 될 마음가짐이다.

> **❝** 문제를 완벽히 해결할 수는 없다. 하지만 현실적으로는 곤란하다 하더라도 '전면성을 요구함으로써 실수를 막고, 사고의 노화를 방지할 수 있다'는 자세를 잊어서는 안 된다. **❞**

조직의 실력을 향상시키려면
중심 활동을 최소화 하라

어떤 지역에서든 한꺼번에 많은 중심 활동이 일어나서는 안 된다. 중심 활동은 일정한 시기에는 하나밖에 없고, 그것을 다른 제2, 제3의 활동으로 보조하는 것이다. 따라서 어떤 지구의 총책임자는 그 지구 투쟁의 역사와 투쟁의 환경을 고려하여 각각의 활동을 적당한 위치에 배치해야 한다. 자신은 어떤 계획도 세우지 않고 상부의 지시대로만 움직이며, 많은 '중심 활동'을 만들어서 복잡하고 무질서한 사태를 야기시켜서는 안 된다.

상부기관 역시 경중(輕重)이나 완급의 구분 없이 중심도 정하지 않은 채 많은 활동을 하부기관에 지시해서, 하부의 활동 절차를 복잡하게 만들고 확실한 성과를 거두지 못하는 결과를 초래해서는 안 된다.

지도 담당자가 구체적으로 지구 하나 하나의 역사적 조건과 환경 조건을 토대로 전 국면을 통일적으로 고려하고, 시기마다 활동의 중점과 활동의 질서를 바르게 결정하고, 동시에 이 결정을 굳게 관철시킴으로써 반드시 일정 성과를 얻도록 하는 것, 이것은 지도의 예술이다.(1943년 6월)

세미나를 개최할 때는 많은 연구가 필요하다

조직이 커지면 활동이 복잡다단해진다. 제품 설명회를 통한 애용자 획득 활동, 회사나 세미나 시스템 설명회를 통한 그룹 활동, 차기 리더를 양성하는 활동, 나아가서는 어느 수준까지 달성한 사람들에 대해 좀더 고도의 지식과 정보를 전하는 활동 등 셀 수 없이 많다.

그러나 최고 위치에 선 사람(조직의 대소를 불문하고)은 하나의 지구에서는 중심적 활동을 하나로 제한해야 한다는 것을 모택동은 지적하고 있다.

흔히 볼 수 있는 예로, 같은 날 같은 회장에서 1부와 2부로 나누어 대상자를 달리 하는 세미나(연구회)를 개최하는 경우를 들 수 있다.

그러나 이것은 언뜻 생각하기에는 매우 효율적일 것 같지만 실제로는 그렇지 않다. 오히려 충성도 높은 애용자 혹은 어렵게 비즈니스 회원으로 만든 사람을 놓치게 될 가능성이 크다.

대개 그때 참석한 사람은 비즈니스 회원이 대부분이지만, 예를 들어 1부에서 애용자를 늘릴 목적으로 세미나를 개최한 경우, 2부가 계속해서 열리면 따라왔던 사람은 먼저 돌아가거나 아니면 계속 남아있어야 한다. 그렇게 되면 따라온 사람은 소기의 목적과 다른 이야기를 들을 수밖에 없다.

그런 것을 별로 신경 쓰지 않는 사람이라면 상관없지만, 네트워크 비즈니스에 대해 거부 반응이 있거나 별로 유쾌하게 생각하지 않는 사람이라면 오히려 역효과를 낼 수 있으며, 제품 사용도 그만두게 될 가능성이 크다.

즉, 애용자를 늘릴 목적으로 개최한 모임은 하루에 한 번(2번도 상관없다) 열고, 비즈니스 회원을 확보할 목적으로 한 회합은 다른 날 한 번(2번도 관계없다) 열도록 하면 된다.

예를 들어 자기가 사는 지역에서 떨어진 곳에서 활동하는 다운라인이 주최할 경우, 비용과 시간을 아낀 나머지 앞에서 했던 유형 그대로 회합을 갖는 경우가 많다. 그러나 이것은 결코 바람직한 방법이 아니다.

가령 어느 달에 애용자를 늘리는 회합이 열리고, 그 강사로 초청받게 되면 그때는 연속해서 2, 3번 개최한다. 그리고 2개월 후에 비즈니스 회원 가입을 권유하는 회합을 2번 정도 갖고, 중급반의 비즈니스 회원을 위한 회합을 한 차례 갖는 것이 오히려 효과적이다.

유감스럽게도 네트워크 비즈니스는 아직 시민권을 얻지 못한 비즈니스라는 사실이다. 그런 의미에서 애용자가 되는 것과 비즈니스 회원이 되는 것은, 특히 처음에는 절대 양립할 수 없다고 생각하는 것이 좋다.

대개 회합의 취지가 전혀 다르기 때문에 아무리 효과적이

> **❝** 애용자를 늘릴 목적으로 개최한 모임은 하루에 한 번(또는 2번) 열고, 비즈니스 회원을 확보할 목적으로 한 회합은 다른 날 한 번(또는 2번) 여는 것이 바람직하다. **❞**

라 하더라도 같은 날, 같은 회장에서 개최하는 것은 결코 바람직한 방법이 못 된다.

그러나 형식적으로 조직 편성을 할 경우에는 그런 사실을 까마득하게 잊어버리고 만다. 그리고 결국엔 제 무덤을 스스로 파게 되고 마는 것이다.

한 차례 집중적으로 애용자를 늘리기 위한 회합을 열게 되면 반드시 반성회를 열어 어디에 문제가 있었는지, 강연 방식은 좋았는지, 제품 설명에서 불충분한 점은 없었는지 등에 대해 구체적으로 검토해 다음 회합 때 반성 자료로 삼는 것도 잊어서는 안 된다. 물론, 비즈니스 회원 가입을 유도하기 위한 회합에서도 마찬가지다.

그러한 반성회를 열 때에도 취지가 같은 회합을 집중적으로 여는 것이 문제 의식을 한 곳으로 모을 수 있기 때문에 논의하기도 쉽다. 이것이 난잡해지면 문제 의식도 사방으로 흩어져버리므로 좀처럼 건설적인 의견은 나오기 힘들다.

같은 취지의 회합을 집중적으로 개최하라

이뿐 아니라 같은 취지의 회합을 집중적으로 개최하는 것이 강사를 통해 배울 수 있는 점이 많다. 차기 강사, 차기 리더를 양성한다는 관점에서도 회합을 열 때는 같은 취지의 내용을 집중시키도록 하는 것이 좋다.

필자가 알고 있는 한 네트워크 비즈니스 리더는 대대적으로 강연회를 개최한다. 2일 연속으로(더구나 시간대를 바꿔서) 여는 일이 많다. 경우에 따라서는 이틀 동안 모두 3차례나 되는 강연을 여는 경우도 있다. 이것은 될 수 있는 한 기회를 많이 갖기를 원하기 때문이다.

그리고 이 강연회에서는 제품에 대한 설명이 주로 이뤄진다. 그리고 1개월 후에는 좀더 초점을 압축시킨 연구회라는 이름의 회합을 가진다.

이때의 참가자는 전에 출석한 사람 가운데 이미 제품을 애용하기 시작한 사람들이다. 강사가 칠판을 사용해서 매우 깊은 내용의 이야기를 하며 질의응답 시간도 갖는다.

그리고 다시 한 달 뒤 애용자가 된 사람 가운데 비즈니스를 해보고 싶다거나, 이미 비즈니스 일을 시작한 사람(단, 아직 초보자)만을 모아 네트워크 비즈니스에 대한 상세한 강의를 진행한다. 이튿날에는 비즈니스 회원, 애용자 회원의 구별 없이 개인 상담을 해준다.

이런 유형의 중심 활동은 이미 전국의 주요 20여 개 도시에서 실행하고 있으며, 2년 동안 무려 2만 명이라는 다운라인 조직을 구축하는데 성공했다.

사람을 모으는 측 입장에서도 같은 취지로 여러 차례의 회합을 여는 것이 사람을 끌어 모으기가 쉽다. 뿐만 아니라 비즈니스와 관련된 사람들에게도 애용자 획득을 목적으로 한 회합에 출석하는 것은 결코 헛된 일이 아니다.

만약 그 강사가 그런 베테랑이라면 강연을 할 때마다 그 강연 내용도 바뀔 것이고, 여러 의미에서 새로운 비즈니스에 공부가 될 것이다.

이와 같이 중심 활동은 역시 하나로 압축하는 것이 효율적이며 조직을 구성하는 사람들의 힘도 생기는 것이다.

어떤 일이든 빨리 해결하는 것이
네트워크 비즈니스 성공의 첫걸음

문제 해결을 위한 정보 수집에 시간을 투자하라

전례가 없는(정확히는 부족한) 비즈니스라 할 수 있는 네트워크 비즈니스를 시작하게 되면, 실제 문제가 발생하지 않는 날은 단 하루도 없을 정도로 끊임없이 발생한다. 물론 그 내용도 각양각색이다.

주문한 제품이 제대로 도착하지 않았다 등의 사무적이나 절차적 수준의 문제라면 그 즉시 해결할 수도 있다.

그러나 '지금까지 의욕을 불태우며 활동해왔던 디스트리뷰터가 갑자기 활동을 중단했다', '어떤 사람의 방식에는 문제가 있다고 생각되지만 그것을 입 밖에 낼 수 없다' 등의 심각한 문제가 발생하면 쉽게 해결할 수가 없다.

그렇기 때문에 즉시 해결해야 할 문제가 차일피일 뒤로 밀리게 되고, 정신을 차리고 난 다음에는 결국 돌이킬 수 없을 정도로 문제가 커져 심각한 상황에 직면하게 되는 경우도 적지 않다.

그러나 자신이 이끄는 다운라인의 수가 많고 적음에 관계없이, 이런 문제는 가능하면 빨리 해결하는 것이 중요하다. 이를 위해서는 우선 다운라인에 대한 정확한 정보 수집이 요구된다.

본인이나 그 스폰서, 또는 그 다운라인이나 문제 발생을 알려준 사람 등 자신이 알고 있는 범위의 관계자 전원에게서 전후 사정을 들은 다음 어디에 어떤 문제가 있는지 판단한다. 그리고 마지막으로 한번 더 당사자에게 확인한 다음 최선의 방책을 강구하도록 한다.

> 자신이 이끄는 다운라인의 수가 많고 적음에 관계없이, 이런 문제는 한시라도 빨리 해결하는 것이 중요하다. 이를 위해서는 우선 다운라인에 대한 정확한 정보 수집이 요구된다.

이런 내용의 모택동의 말이 있다.

"자네는 그 문제를 해결할 수 없나. 그렇다면 그 문제의 현황과 역사를 조사하게. 완전히 조사가 끝나면 그 문제에 대한 해결방법이 생길 걸세. 모든 결론은 상황 조사가 끝나는 마지막 순간에 나올 테니, 조사하기 전에 그 어떤 것을 얻겠다는 생각은 버리게. 어리석은 사람이나 자기 혼자서 혹은 많은 동료를 모아놓고 조사도 하지 않은 채 '좋은 방법을 생각해봐라', '확실한 생각을 정해라'하면서 고심하고 또 명상에 잠기는 법이지. 이렇게 해서는 절대 좋은 방법도, 좋은 의견도 나올 수 없다는 사실을 명심하기 바라네."(1930년 5월)

이를 실행하려면 상당한 에너지와 시간 그리고 돈이 필요하다. 그러나 이를 회피하면 네트워크 비즈니스에서 성공하기 위한 수행이 부족해진다는 것을 잊지 말아야 할 것이다.

어떤 사소한 문제라도 소홀히 생각해서는 안 된다

모택동은 다음과 같은 명언을 남겼다.

"조사는 '10개월간의 회임'이며, 문제 해결은 '하루아침에 분만을 하는' 것과 같다. 조사는 곧 문제 해결이다."(1930년 5월)

조사 = 정보 수집은 상당한 인내력이 요구된다. 더욱이 문제 해결을 위한 조사 = 정보 수집이라는 것은, 네트워크 비즈니스에 국한된 것이 아니라 모든 일에 공통되는 방법이다.

그러나 그때 어떤 생각으로 조사 = 정보 수집에 임하느냐가 다음 문제가 된다. 아니 무엇보다도 중요한 것은 해결책을 강구하느냐, 아니면 일단 방법이 없으니 움직여보자는 생각만 가지고 있느냐 하는 문제이다.

> **66** 조사 = 정보 수집은 상당한 인내력이 요구된다. 더욱이 문제 해결을 위한 조사 = 정보 수집이라는 것은 네트워크 비즈니스에 국한된 것이 아니라 모든 일에 공통되는 방법이다. **99**

그러므로 지혜로운 사람은 자신의 힘으로 최선의 방법을 찾을 수 없을 때 선배에게 조언을 구하거나 상담

을 요청한다. 일과 절
차에 따라서는 네트워
크 비즈니스를 주재하
는 회사에 직접 연락

하는 방법도 필요하다. 어쨌든 이상하다고 생각되는 점, 이건 좀 곤란하다고 느끼는 점에 대해서는 그 즉시 행동에 옮긴다.

전례가 부족한 비즈니스 스타일인 만큼 어설픈 지식이나 한쪽으로 치우친 정보에만 의존해서는 결코 정확한 해결책을 찾을 수 없다.

그런 가운데 문제가 더 복잡해지는 경우도 있다. 또 조금만 서둘렀다면 해결할 수 있었던 일이 결국엔 손을 쓸 수 없는 상황에 이르게 되는 경우도 있다.

네트워크 비즈니스의 경우 시작하는 것도 쉽지만 그만두는 것은 더 간단하다. '그만두겠다'고 선언하면(선언하지 않아도 실질적으로 휴업해 버리면) 그것으로 끝이다.

그러나 처음에 그 사람이 비즈니스에 뛰어들도록 하기까지 몇몇 사람이 에너지와 시간을(물론 돈도) 들이고 수고를 들이는 경우도 있다. 그것을 생각하면 사소한 문제였다고 해서 가볍게 생각하는 것은 역시 잘못된 일이다.

한 사람을 소중히 여기는 사람은 한 사람을 살릴 수 있다

'그런 사소한 일 때문에 고민할 필요 없다', '그런 사람은 어디를 가나 한두 사람씩 있으니까 너무 신경 쓰지 마라' 등의 말들을 아무렇지도 않게 함부로 하는 사람들이 있다. 이러한 말들은 위로도 해결책도 되지 않는다.

이러한 행동은 상대의 마음을 전혀 배려하지 않는 처사로 상대에게 더 큰 상처를 입히는 무자비한 행동이다.

상대는 어떤 인연으로든 함께 같은 일을 하게 된 동료이다. 당연히 보살펴줄 능력이 되는 한 잘 돌봐주는 것이 업라인으로서의 바른 태도라고 할 수 있다.

만약 당신이 "조직이 크니까 그런 작은 일까지 신경 쓸 여유가 없다"는 생각을 갖고 있다면, 그것은 정말 위험한 발상이라고 얘기해주고 싶다.

네트워크 비즈니스는 아무리 조직의 규모가 크더라도 한 사람 한 사람이 모여서 이루어진 집합체이다. 즉, 그 네트워크를 구성하고 있는 사람은 설령 그런 사람이라 하더라도 그 가치를 인정해주는 자세가 필요하다.

한 사람을 소중히 여기는 사람은 한 사람을 살릴 수 있다. 이것이 바로 네트워크 비즈니스의 대원칙이다.

그러기 위해서는 반응 속도가 매우 중요하다. 어떤 일에 반응이 느린 사람은 적어도 조직을 소중히 여기지 않는 사람이라고 할 수 있다.

마음속에 '어떻게든 되겠지', '그렇게 하는 수밖에 없겠지'하는 생각만 있는 방임주의·적당주의가 팽배해 있는 사람이다. 그런 사람이 이끄는 조직은 결코 제 기능을 발휘하지 못한다.

모두가 제각각이기 때문에 유사시에는 힘을 발휘할 수가 없다. 그렇기 때문에 뭔가 일이 생기면 곧바로 움직이는 즉각적인 행동이 중요하다.

설령 그 행동이 결국에 가서는 아무런 효과도 얻지 못한 결과를 가져다줄지라도 그건 어쩔 수 없는 노릇이다. 그러나 행동했다는 사실만은 영원히 남을 것이다.

이것은 의외로 어려운 일이다. 만사 제쳐놓고 급하게 달려와 주는 일, 만약 당신이 어딘가에서 그런 일을 한 적이 있다면 상대는 평생 잊지 못할 것이다. 중요한 것은 바로 그 점이다.

네트워크 비즈니스에 종사하고 있는 사람 가운데 항상 쉽게 연락이 닿는 사람은, 필자가 관찰한 바로는 별로 발전하지 못하는 것 같다.

물론 연락하는 수단에 따라 다르겠지만, 성공한 사람들은 대부분 하루 중 거의 모든 시간을 어딘가 분주히 돌아다니며 일하는데, 그것은 결코 헛된 시간들이 아니다.

뭔가 문제가 발생했다는 것을 알게 되면 즉시 문제를 해결하려고 노력하는 자세가 리더의 역할이다. 설령 그 결과가 생각대로 되지 않았다 하더라도 그 성실한 자세는 사람의 마음에 감동을 주기에 충분하다.

자신을 위해 진심으로 애써주고, 자신을 위해 여기저기 뛰어다니며 온갖 노력

> **66** 문제가 발생했다는 것을 알게 되면 즉시 문제를 해결하려고 노력하는 자세가 리더의 역할이다. 설령 그 결과가 생각대로 되지 않았다 하더라도 그 성실한 자세는 사람의 마음에 감동을 준다. **99**

<blockquote>
❝ 문제가 산적해 있고, 분규가 발생되고 난 다음에 그 일들을 해결하려고 노력해봤자 아무런 소용이 없다. 사투는 운동에 앞서 진행되어야 하며, 나중에 진행되는 것은 아무런 의미가 없다. ❞
</blockquote>

을 다해주었다는 그 생각이 언젠가 다시 그 사람의 비즈니스 마인드에 불을 지피게 될 수도 있다.

네트워크 비즈니스에 종사하는 사람들은 다음과 같은 모택동 말을 늘 마음 깊이 새겨야 할 것이다.

"문제가 산적해 있고, 분규가 많이 발생되고 난 다음에 그 일들을 해결하려고 노력해봤자 아무런 소용이 없다. 사투는 운동에 앞서 진행되어야 하며, 나중에 진행되는 것은 아무런 의미가 없다."(1955년)

적의 전력을 제대로 파악한 다음 싸우는 것이 승리의 기본 원칙

지휘관의 올바른 병력 배치는 바른 결심에서 나오고, 바른 결심은 바른 판단에서 비롯되며, 바른 판단은 필요한 정찰과 각종 정찰 자료를 용의주도한 검토와 사색을 통해 가능해진다. 지휘관은 필요 가능한 모든 정찰 수단을 동원하여 정찰해온 적군의 상황에 관한 각종 재료를 파악한다. 이때 찌꺼기는 버리고 알맹이만 취하고, 혼동하기 쉬운 것들은 버리고 진실은 남겨둔다. 그리고 하나에서 다른 것으로, 표면에서 내면으로 사색한 다음, 아군의 상황을 파악하여 쌍방의 대비와 상호 관계를 연구하고, 그에 따라 판단을 내리고 결심한 다음 계획을 세운다. 이것이 하나의 전략, 전쟁, 전투 계획을 세우는 일에 앞장서는 군사전략가의 상황 인식 전과정이다.(1936년 12월)

조직의 리더는 군사전략가가 되어야 한다

그 옳고 그름을 떠나 네트워크 비즈니스를 전쟁에 비유한다면 역시 여기서도 반드시 이겨야만 한다. 지기 위해 전쟁을 하는 사람은 단 한 사람도 없기 때문이다.

그러나 '전쟁'에 이기려면 모택동의 말처럼 주도면밀한 준비 (조사·정찰과 분석)가 최우선시 되어야 한다.

전쟁을 네트워크 비즈니스의 현실에 적용시키자면, '적군'은 앞으로 애용자가 되거나 비즈니스에 종사하고자 하는 상대임에 틀림없다.

그러나 여기서는 애용자에 대해 살펴보기로 하자.

정보화 시대에 살고 있는 현대인은 대단히 많은 정보를 가지고 있다. 그렇기 때문에 이쪽에서 가지고 있는 어설픈 정보로는 쉽게 설득하기가 어렵다.

어떤 제품에 대해 설명을 할 때 폭넓고 다양한 정보를 준비해 두지 않으면, 당장 상대에게 추궁당하고 답이 궁해서 쩔쩔매는 상황에 처할 것이 뻔하다.

그래서 충분한 정보를 확보해두는 것이 중요하다. 이 부분에 대해서는 다른 장에서 보다 상세히 설명하고 있으므로 여기서는 다루지 않겠다.

하지만 무엇보다도 중요한 문제는 상대방이 어느 정도의 정보를 가지고 있느냐를 파악하는데 있다.

이것을 알아야 제품에 대해서는 누구에게 이야기를 들을 것인지, 또는 어떤 방법으로 이야기를 진행해나갈 것인지를 생각해둘 수 있기 때문이다.

그러한 분석 없이 바로 승부를 내려 하거나 사전 준비 없이

> 66 네트워크 비즈니스 전쟁은 반드시 이겨야만 한다. 그러나 '전쟁'에 이기려면 모택동의 말처럼 주도면밀한 준비(조사·정찰과 분석)가 우선되어야 한다. 99

제품 설명을 하게 된다면, 상대방은 자신이 원하는 수준 이상(또는 이하)의 사람이 왔다는 것을 알고 대단히 불쾌해진다.

그런 경우라면 그 사람의 입에서는 '다른 연구회에 참석하는 게 더 나을 뻔했다'라는 얘기가 나오게 된다.

'바른 병력 배치'에 실패하는 것만큼 한심한 일도 없다. 단순히 한심하다는 정도에서 끝나면 상관없지만, 그것이 원인이 되어 적을 이기지 못하게 된다면 그보다 안타까운 일은 없을 것이다.

조직의 규모가 작을 때는 상관없지만 어느 정도까지 확대되고 나면 정확한 병력 배치가 대단히 중요해진다.

수준 높은 상대에게는 높은 수준의 사람을, 어느 특정 분야에 대해 알고자 하는 상대에게는 그 특정 분야에 대해 자신 있게 대처할 수 있는 사람을, 전혀 아무 것도 모르는 상대에게는 그에 맞는 사람을 즉, 상대에 맞게 병력을 배치할 때 보다 효율적인 성과를 거둘 수 있다.

그러기 위해서는 사전 조사나 정찰이 필요하다. 상대방이 어떤 수준에 있는지, 어떤 분야에 대해 알고 싶어 하는지, 어떤 것에 대해 의문을 갖고 있는지 등에 대해 연구회나 세미나를 개최하기 전에 다운라인 한 사람 한 사람에게 넌지시 물어보거나, 또는 그들을 통솔하는 리더에게 될 수 있는 한 상세하게 물어봐서 사전 지식을 갖도록 하는 것이 중요하다.

이 작업을 게을리 하게 되면 내용이 뒤죽박죽되고, 필요한 부분에 필요한 아군이 없었다는 비참한 결과를 초래할 수 있다.

적의 전력을 어떻게 평가하느냐는 전쟁에서 이기기 위한 첫걸음이다. 여기서는 희망적 관측이나 기대는 결코 허용되지 않는다. 과거의 어느 전쟁을 보더라도 그런 것이 실현된 적은 없었기 때문이다.

제7장

인내

인내하고 또 인내하라

어느 정도 지위에 오르더라도
리쿠르트 활동을 중단해서는 안 된다

네트워크는 인간의 몸과 같다

네트워크 비즈니스에 우연이란 있을 수 없다. 좀더 정확히 말하자면 네트워크 비즈니스의 성공은 우연으로 얻어지는 것이 아니라 끊임없는 노력에 의해 얻어지는 것이다.

어느 비즈니스나 마찬가지겠지만 결국 그 사람 자신의 노력이 모든 것을 말해준다. 물론 노력만으로 성공을 거머쥘 수는 없지만, '예상치 못한 행운'과 '요행'만으로 얻을 수 있는 것도 아니라는 사실은 변함없다.

특히 네트워크 비즈니스의 경우 어느 정도까지 조직이 성장하면, 이제 자신은 아무 일도 하지 않아도 된다고 생각하는 사람이 많다. 모든 것을 다운라인에게 맡기고 자신은 모집 활동에서 완전히 손을 떼기도 한다. 일을 한다고 해봐야 기껏 세미나나 연구회에 강사로 나가는 정도이며, 그것만으로도 자신의 조직은 충분하다고 생각한다. 이는 위험한 일이며 또한 지나친 자만이다.

네트워크란 인간의 몸과 같다고 생각해도 좋다. 호흡과 대사, 그리고 배설을 통해 생명을 연장시켜 나간다. 어딘가 몸의 한 부분이 상태가 좋지 않으면 즉시 몸 전체에 그 영향이 미친다.

어떤 리더 밑에 있는 다운라인이 모두 죽어버리는(활동을 중단하는) 경우가 발생하는 것도 드문 일이지만 엄연히 존재하는 것도 사실이다. 원인은 간단하다. 치료를 소홀히 했기 때문이다.

> 네트워크란 인간의 몸과 같다. 호흡과 대사, 그리고 배설을 통해 생명을 연장시켜 나간다. 신체 어느 부분의 상태가 좋지 않으면 즉시 몸 전체에 그 영향이 미친다.

이것은 사람 수와는 관계가 없다. 다운라인의 수가 3명이든 300명이든, 설령 3만 명이 된다 하더라도 그 정점에 서 있는 사람은 늘 구석구석까지 조직을 점검해 둘 필요가 있는 것이다.

물론 3명과 300명은 주의를 기울이는 방법도 틀리지만 기본자세는 변함이 없다. 어딘가에서 잠자고 있는 세포는 없는지, 다 죽어가고 있는 조직은 없는지, 산소는 충분히 공급되고 있는지, 악성 바이러스에 감염되지는 않았는지를 직접 또는 간접적으로 정확히 파악하는 것이 중요하다.

실제로 조직을 구성하는 일은 별로 어렵지 않다. 특히 어느 정도 네트워크 비즈니스의 경험이 있으면서 언변도 좋고 수단도 좋은 사람이라면 짧은 기간에 조직을 성장시킬 수 있다.

그러나 어려운 것은 그것을 유지하는 일이다. 그렇기 때문에 어느 네트워크 비즈니스 회사든지 그러한 유지 활동에 힘을 쏟아야 할 것으로 판단해 수수료 지불 시스템에 다양한 연구를 집중시키고 있다.

방심으로 인해 일이 잘못될 경우에는 획득한 자격을 잃게 되거나, 아니면 일정 기간 권리가 보류되거나, 자신보다 낮은 위치에 있던 사람이 상급자로 부임하는 등의 방침이 그것이다.

그렇게 해도 일을 그르치는 사람이 꼭 한두 명씩 있다. 그것은 일정 수준의 수입이 일정 기간 동안은 유지되기 때문이다. 그들은 어떻게든 하면 된다, 혹은 손을 쓰면 된다 등의 생각을 가지고 있는지도 모르겠다.

하지만 현실은 냉혹하다. 일을 망치면 망친 만큼 조직은 무너지고 만다. 그때까지 열심히 활동했던 다운라인이 모두 활동을 그만두는 경우도 볼 수 있는 것은 바로 이러한 이유 때문이다.

조직 유지를 위해서는 신진대사가 필요하다

조직을 구성하고 난 이후에는 그 유지가 큰 과제로 남는다. 조직 유지를 위해서는 언제나 새로운 피를 공급해줘야 한다. 그렇게 하기 위해서는 설령 최고의 자리까지 지위가 오른다 하더라도 리크루트 활동을 결코 중단해서는 안

> 66 조직 구성 후에는 그 유지가 큰 과제다. 조직 유지를 위해서는 언제나 새로운 피를 공급해줘야 한다. 그렇게 하기 위해서는 최고의 자리까지 지위가 오르더라도 리크루트 활동을 결코 중단해서는 안 된다. 99

된다.

같은 멤버끼리 계속 활동하다 보면 반드시 나태한 마음이 생기기 때문이다.

그 리크루트 활동 역시 다운라인에게만 맡겨서는 안 된다. 한두 사람이라도 상관없으니 자신이 직접 새로 모집하는 것이 중요하다. 바로 솔선수범하라는 뜻이다.

리더가 이를 실행하지 않는 조직은 그 밑에 있는 다운라인도 리더와 똑같은 행동을 한다. 네트워크 비즈니스 조직의 모습은 그 정점에 있는 사람의 거울이다.

유유상종(類類相從)이라는 말이 있듯이, 네트워크 비즈니스의 경우 이상하리만치 리더의 인격과 비슷한 사람들이 모인다. 그 때문에 행동 유형도 아주 흡사한 경우가 많다.

돈벌이만 강조해서 구성된 조직의 리더에게는 똑같은 사고방식을 가진 사람들만 모이게 되어 있다. 그런 사람들이 모여 개최하는 세미나나 연구회는 매우 딱딱한 분위기가 느껴진다.

보통 비슷한 사람들끼리 모이기 때문에 리더 혹은 중심적인 사람이 한번 나태한 길로 가기 시작하면 조직이 붕괴되는 것은 시간 문제다. 조직 전체의 활동에 힘을 실을 수 없기 때문이다. 돈벌기에 급급한 조직이 쉽게 붕괴되는 것은 말할 필요도 없다.

그러나 제품 제일주의로 진행하는 조직은, 설령 한두 사람이 휴식 상태에 들어간다 하더라도 애용자가 많으므로 그렇게 간단히 조직이 무너지지는 않는다. 겉보기에는 화려하지 않지만 그 수명이 오래 가는 것은 바로 그 때문이다.

물론 인간이기 때문에 가끔은 쉬고 싶을 때가 있다. 잠시라도 한숨 돌리고 싶은 생각이 드는 것도 당연하다. 그러나 그것까지 부정하는 것은 아니다.

하지만 이와 같은 경우일지라도 제품이 애용자에 의해 움직이고 있다면 큰 걱정은 할 필요가 없다는 얘기다. 다운라인의 수가 많으면 많을수록 더 안심할 수 있는 것은 당연한 이치다.

그런데 돈벌이 제일주의로 진행되는 조직의 경우에는 쉬고 있는 사람이 생기면 제품의 움직임이 크게 둔화된다. 그렇게 되면 그 즉시 소득에 반영되기 때문에 의욕을 잃는 사람이 나오게 된다. 그리고 그 연쇄 반응은 빠르게 나타난다.

그런 의미에서도 애용자를 많이 확보해두는 것은 중요한 문제이며, 휴식 상태에 들어가는 디스트리뷰터가 생길 것을 미리 대비해둘 필요가 있다. 그것을 충원시켜주는 것은 새로운 디스트리뷰터를 모집하는 활동밖에 없다.

문제가 커지면 커질수록
그 이후에 맛볼 승리의 기쁨도 더욱 커진다

우리는 인민 및 동지들에게 길은 꼬불꼬불 구부러져 있다는 것을 알려줘야 한다. 혁명의 길에는 역시 많은 장해가 있으며 많은 어려움이 있다. 우리 당의 제7회 대표 대회는 많은 곤란을 예상했지만, 우리는 오히려 더 많은 곤란을 예상하는 것이 좋다. 일부 동지는 별로 곤란에 대해 많이 생각하고 싶어 하지 않는다.

하지만 곤란은 사실이므로 곤란이 있는 한 곤란으로 받아들이고, '불승인주의'를 취해서는 안 된다. 우리는 곤란을 받아들이고 곤란을 분석하며 곤란과 투쟁해야 한다. 이 세상에 곧은 길은 없다. 굽은 길을 걸을 각오가 필요하며, 아예 지름길을 찾을 생각은 할 필요가 없다.

어느 날 아침 갑자기 모든 반동파가 일제히 나에게 무릎을 꿇는 모습을 공상해서는 안 된다. 요컨대 앞길에 광명은 있지만 길은 굽어져 있다. 우리 눈앞에 있는 곤란은 더 많으나 그것을 무시해서는 안 된다.

우리가 모든 인민과 단결하여 함께 노력하면 반드시 온갖 고난을 물리치고 승리의 목적을 달성할 수 있다.(1945년 10월)

네트워크 비즈니스는 언제나 곤란과의 전쟁

1945년 8월, 일본과의 전쟁에서 승리했지만 모택동이 이끄는 공산군은 아직 안도할 수 없었다. 그것은 전쟁 중에는 일본의 침략에 저항할 목적으로 함께 싸웠던 국민당과의 전쟁이 본격적으로 시작되었기 때문이다.

이미 20년 가까이 걸친 오랜 세월을 싸워왔기 때문에 병사들도 농민들도, 지휘자들도 매우 지쳐 있었음에 틀림없다. 그러나 모택동은 그러한 응석을 받아주지 않았다. '곧은 길'도 '지름길'도 현실에는 존재하지 않는다는 것을 인식해야 한다는 얘기다. 당시에는 그 정도로 사회주의 혁명에 대한 압박이 심했다.

네트워크 비즈니스도 사정은 거의 마찬가지였다. 5년이나 10년 안에 네트워크 비즈니스에 대한 편견이나 선입견이 없어지는 일은 결코 없기 때문이다.

현재 그런 비판이 뿌리 깊게 남아있는 것도 어쩔 수 없을 정도로, 지금까지 너무 안일한 방법이 버젓이 통했던 것도 사실이다. 그러한 일에 의한 비판은 감수하고 받아들여야 한다. 그럴 리가 없다고 아무리 우겨도 엄연히 있는 것은 있는 것이다.

결국 '곤란을 받아들이고 곤란을 분석하며 곤란과 투쟁해야 한다'는 것이 모택동의 생각이었다. '어느 날 아침 갑자기 모든 반동파가 일제히 내 앞

> 네트워크 비즈니스에 대한 편견이나 선입견이 5년이나 10년 안에 없어지는 일은 결코 없다. 때문에 곤란을 받아들이고 곤란을 분석하며 곤란과 투쟁해야 한다.

에 무릎 꿇는 모습을 공상해서는 안 된다'는 말은 그러한 생각을 잘 말해주고 있다.

특히 처음부터 '빠른 시일 안에 돈을 벌 수 있다'는 식의 얘기를 듣고 비즈니스에 뛰어든 사람은 그런 곤란을 받아들이고 싶지 않을 것이다. '이런 게 아니었다'고 투덜거릴 것이 뻔하기 때문이다. 그러나 현실은 냉혹하다.

아무리 뛰어난 제품이라 하더라도, 또 주재하고 있는 회사의 업적이 아무리 뛰어나다 하더라도, 네트워크 조직이라는 비즈니스 스타일에 대해서는 아직까지 여러 비판이 있다.

그 비판을 이겨내는 것은 그리 쉬운 일이 아니다. 친한 사이라면 더더욱 진지한 태도로 '그런 일은 그만두는 게 낫지 않겠나'하고 얘기할지도 모른다. 그 얘길 듣는 것은 괴롭겠지만 그러나 자신이 한 번 '이것이다' 하고 결정한 이상은 그 어떤 어려움이 있더라도 꿋꿋하게 참아내야 한다.

애초부터 그런 곤란이 있을 것이라고 생각하고 시작하면 그 정도로 고통스럽지는 않을 것이다. 하지만 장밋빛 이야기만 듣고 뛰어든 사람에게는 그런 고통이 참기 어려운 시련으로 다가올 수도 있다.

이상한 얘기만 전달하는 리더는 반드시 곤란을 겪는다

이러한 사태로 괴로워하는 사람이 늘어나지 않도록 하기 위해서도 네트워크 비즈니스를 조직할 때는 때에 따라서 곤란한 면을 강조해둘 필요가 있다.

그런 부분을 덮어놓고 숨기면서 이상한 이야기만 전달하면 나중에는 자신이 괴로워진다. 또한 하나 둘씩 잇달아 탈락자가 발생해도 완벽히 대비할 수 없게 된다.

현재 일본의 경우 전국에서 네트워크 비즈니스에 종사하고 있는 사람은 약 400만으로 추산되고 있다. 그러나 그 중에서 현재 활동하고 있는 사람은 80만 명 정도가 아닐까 추측된다.

실제 비율은 더 낮을 것으로 보고 있는데, 우선 1할만 되더라도 40만 명이 된다. 즉, 남은 360만 명은 탈락한다는 얘기다.

그 이유에는 여러 가지가 있겠지만 기본적으로는 그런 곤란을 극복하지 못했기 때문이다. 태만도 그 이유 중 하나일 것이다. 그 밖에 보다 좋은 돈벌이를 찾아 떠난 사람도 있을 것이다.

하지만 더 큰 문제는 대다수 사람들이 가지고 있는 네트워크 비즈니스 자체에 대한 편견이었을 것이다.

그 곤란함을 미리 알아두는 것과 알지 못한 상태에서 시작하는 것은 역시 대처 방법에서도 차이가 날 것이다. 그런 의미에서 곤란에 대해 미리 알려주는 것은 중요한 일이다.

모택동은 이와 관련된 내용의 얘기를 여러 차례 남겼다.

"어떤 새로운 일이든지 성장할 때에는 곤란과 곡절을 거치게 마련이다. 사회주의 사업을 하면서 곤란이나 곡절을 거치지 않고 크게 노력하지 않아도 순풍에 돛을 달고 쉽게 성공을 거두고 싶어 하는 것은 환상일 뿐이다."(1957년 2월)

뿐만 아니라 인간이 원래부터 게으른 존재인 만큼 기회 있을 때마다 이런 말들을 자주 되풀이하면서 강조하는 것이 중요하다.

마지막까지 승리를 포기하지 않는 것이
진정한 의미의 용기

모택동의 말

우리의 동지는 힘든 일이 있을 때마다 성과를 보고 용기를 낼 줄 알아야 한다.(1944년 9월)

나이가 든 뒤에도 이상 실현에 정열을 불태웠던 모택동

무엇을 이루든지 곤란은 늘 따라다니게 마련이다. 하지만 그 곤란을 어떻게 대응하느냐에 따라 성공은 가까이 있을 수도 있고 멀리 있을 수도 있다.

곤란에 직면했을 때 중요한 것은 성공의 그 날을 꿈꾸는 것이다. 그것이 바로 모택동이 주장하는 '처방전'이다.

이대로 패잔병이 되고 마는 게 아닐까 하는 소심한 생각은 버리고, 자신은 반드시 승리자가 될 것이라고 믿으며 '용기를 내야 한다'고 모택동은 말한다.

무슨 일이든 끈질기게 버티고 인내하면 반드시 승리하게 된다는 말을 자주 듣게 된다. 야구나 축구뿐 아니라 모든 스포츠가 경기도 치르기 전에 심리전에서 밀리면 반드시 경기에 지게 되어 있다.

네트워크 비즈니스도 마찬가지다. 설령 도중에 곤란에 직면하게 된다 해도 자신의 승리를 확신하며 끝까지 버티는 인내의 자세가 필요하다.

물론 끝까지 버티려면 체력이나 기력 등 여러 가지가 필요하다. 하지만 최후의 열쇠가 되는 것은 바로 그 어떤 것에도 굴하지 않는 '용기'이다.

용기하면 아주 평범한 것으로 생각할지 모르겠다. 그러나 용기라는 말을 잘못 이해하는 사람들이 의외로 많다. 용맹 과감한 행동이나 누구나 주저하는 일에 도전하는 것이 용기 있는 것이라고 생각하는 경향이 있다.

하지만 용기란 그런 것이 아니다. 곤란에 직면했을 때 그에 굴하지 않고 마지막까지 승리를 포기하지 않는 것, 그것이야말로 참된 용기이다.

승부를 포기하는 것은 분명 쉬운 일이다. 또 다음 기회에 도전하면 된다고 포기해버리는 것은 간단하다. 어쩌면 '이게 마지막 기회'라며 끈질기게 매달리는 것이 오히려 별 가치 없는 일이라고 생각할 수도 있다.

그러나 모택동에 있어서 사회주의 혁명이란, 이 세상에 하나밖에 없는 최고의 사상을 현실사회에 실현하는 것이 생애의 목표였다. 젊었을 때나 나이를 먹은 이후에나 그 마음가짐에는 조금도 변함이 없었다.

처음 반 년 혹은 1년도 안된 상황에서 앓는 소리는 금물

물론 젊은이에게 있어서 네트워크 비즈니스에 종사하는 일은 일생의 한 장면에 불과할지도 모른다.

그러나 그런 식으로 생각하고 즉시 포기할 것인지, 아니면 이 길밖에 없으니 끈질기게 매달릴 것인지, 어떤 쪽으로 생각하는 경향이 더 강한지는 불을 보는 것보다 더 뻔한 일이다.

그렇다면 젊은 시절에 승리를 향해 전력을 다하는 것이 현명하지 못하다는 얘기인가. 결코 그렇지 않다. 젊어서 고생은 사서도 한다는 말이 있다.

비록 패배를 맛보았다고 하더라도, 다시 일어설 수 있으며, 네트워크 비즈니스의 경우에는 빚을 떠안게 되는 일도 없다. 만약 빚을 떠안게 되는 사태까지 간다면 그것은 그 비즈니스 자체가 정상적인 것이 아니었다는 증거다.

정직하고 성실한 네트워크 비즈니스를 했다면, 도중에 비즈니스를 그만두었을 때 웬만한 일이 아니고서는 대량의 재고를 떠맡거나 빚이 남는 등

> 자신이 마지막에는 성공을 거둘 것이라 믿고 절대로 포기하지 않는 일, 이것이야말로 진정한 네트워크 비즈니스 성공의 비결이다.

의 상황은 있을 수 없는 일이기 때문이다.

그리고 이것은 사람들로부터 확실한 네트워크 비즈니스인가를 알아볼 수 있는 지표이기도 하다.

어쨌든 자신이 마지막에는 성공을 거둘 것이라 믿고 절대로 포기하지 않는 일, 이것이야말로 진정한 네트워크 비즈니스 성공의 비결이다. 네트워크 비즈니스를 시작하고 아직 반 년 또는 1년이 되지 않은 경우는 솔직히 말해서 게임이 안 되는 얘기라고 할 수 있다.

한 사람 한 사람을 말없이 지켜보며
조직을 구성해나가는 것이 중요

멤버가 직면한 어려움에 진심어린 마음으로 대응한다

네트워크 비즈니스에 종사하는 사람 중에도 여러 타입이 있다. 물론 어느 정도까지 비즈니스를 생각하고 있느냐에 따라 다르겠지만, 흔히 재미삼아 한번 해보는 사람과 고생을 두려워하지 않는 사람으로 나눌 수 있을 것이다. 그리고 진정한 의미에서의 성공은 물론 후자의 몫이다.

짧은 기간에 조직을 만들게 되면 거만한 태도를 보이는 리더가

> **성공을 거두기까지의 시간은 오래 걸리더라도 자신이 만든 조직의 한 사람 한 사람의 고민이나 걱정에 대처하려고 애쓰는 리더는 강하다. 왜냐하면 인망이 두텁고 조직이 다소 피폐해 있다 하더라도 쉽게 무너지지 않기 때문이다.**

있다. 모든 것을 자기 혼자 힘으로 이룬 것으로 착각하고 있는 것이겠지만, 이런 리더의 수명은 대개가 짧다. 왜냐하면 다운 라인들로부터 믿음을 잃어버리기 때문이다.

그런 반면에 어느 정도의 성공을 거두기까지의 시간은 오래 걸리더라도 자신이 만든 조직의 한 사람 한 사람의 고민이나 걱정에 대처하려고 애쓰는 리더는 강하다.

왜냐하면 인망이 두텁고 조직이 다소 피폐해 있다 하더라도 쉽게 무너지지 않기 때문이다.

사실 이것이 네트워크 비즈니스의 불가사의이자 묘미이기도 하다. 짧은 기간에 놀랄 만한 큰 조직을 만들었다 해도 그것을 유지해 나가는 데는 상당한 에너지가 필요하다. 즉, 결과적으로는 어떤 길을 가든지 같은 수입을 얻는 사람이 쏟는 에너지는 같다고 할 수도 있다.

전속력으로 앞만 보고 달려가다가 중간에 잠시 쉬고 다시 막판에 속력을 내는 식으로 달리는 사람이 있는 반면, 처음엔 천천히 달리다가 중간부터 빨리 달리면서 그 여세를 몰아 결승점까지 질주하는 사람도 있다. 각자 달리는 방법은 다르지만 결승점에 도착하기까지 쏟은 에너지 총량의 힘은 같은 것이다.

여기에는 그 사람의 성격이나 기질이 많이 좌우한다. 그러나 필자가 보기에 긴 안목을 가지고 앞을 내다보며 꾸준히 달리는 사람은 안정된 성공을 거둘 수 있는 있는 사람이다.

성공한 사람들 중 대부분이 한순간에 급강하하거나, 조직 자체가 공중분해 되거나, 동료간의 내부 분열이 생기거나 하는 모습을 보게 된다. 이로 인해 갑자기 의욕을 잃고 지치게 되면 그 조직은 괴멸 상태에 빠지게 되고, 또한 제로에서 다시 출발해야 하는 상황에 놓이게 될 수도 있다.

더구나 짧은 기간을 전속력으로 달려온 사람의 경우 조직을 살피는 시야가 좁을 뿐 아니라 아무래도 다운라인을 제대로 돌보지 못하는 경향이 있는 것도 사실이다.

분명 빨리 달리게 되면 눈에 들어오는 것은 점점 뒤편으로 사라지게 마련이다. 그러나 천천히 달리면 빨리 달렸을 때는 보이지 않던 여러 가지 문제점들이 시야에 들어온다. 그때 잠시 걸음을 멈추고 돌아볼 수도 있다.

가는 곳마다 차이가 나는 이유는 그 점 때문이라고 생각한다. 체력을 믿고 스피드를 내서 달리는 것도 좋지만, 그것보다 시야를 넓게 확보할 수 있도록 천천히 달리는 것이 현명하다.

그리고 이런 방식으로 달리는 사람에게 공통되는 점은, 자신이나 조직원 개개인이 직면하는 어려움을 결코 수홀히 하지 않는다는 사실이다.

반드시 멈춰 서서 신중히 해결해나감으로써 조직원 한 사람 한 사람의 신뢰를 얻는다. 그리고 만일의 경우 자기 자신이 곤란에 빠졌을 때는 따로 부탁하지 않아도 마치 수호신처럼 지켜주고 도와준다.

비즈니스를 유희로 생각하는 사람은 아무도 없다. 모택동의 말을 인용하지 않더라도 '투쟁'이라는 것 정도는 실감할 수 있다.

그러나 전쟁 현장을 많이 경험한 사람일수록 배우는 점이 많은 것은 당연하다. 나중에 가서는 그런 말을 하게 될지 모르겠다.

그런 의미에서는 설령 걸음이 느리더라도 한발 한발 앞으로 내딛으면서 곤란을 극복해내겠다는 각오로 비즈니스에 뛰어드는 것이 바람직하다. 그것이 바로 모택동의 가르침이다.

리더의 마음을 어떻게 전달하느냐가
네트워크 확대의 최대 관건

'민간 백성'에서 군인까지의 사이에는 하나의 벽이 가로막고 있는데, 이 벽은 만리장성이 아닌 이상 쉽게 무너뜨릴 수 있으며, 혁명과 전쟁이 바로 이 벽을 허물 수 있는 방법이다. 학습과 응용이 쉽지 않다는 것은 철저한 학습과 숙련된 응용이 간단하지 않다는 의미다. 민간 백성이 금세 군인이 된다는 것은 입문이 어렵지 않다는 의미다.

이 두 가지를 종합해보면 '세상에 어려운 일은 없다. 다만 결심하기 나름이다'라는 중국의 속담이 딱 들어맞는다. 입문이 어렵지 않은 이상 심오한 경지에 이르는 일도 할 수 있다. 결심만 하면 그리고 학습에 뛰어나기만 하면 되는 것이다.(1936년 12월)

일이 있을 때마다 자신의 결심을 강하게 표현하라

지금까지 몇 차례 밝힌 바와 같이 네트워크 비즈니스에는 진정한 프로가 아직 많지 않다. 따라서 신인을 '민간 백성', 어느 정도의 경험자를 '군인'에 비유했을 때도 그 차이는 생각 이상으로 크지 않다. 그리고 그 차이를 메울 수 있는 방법으로는 '실전이 최고'라는 것이 모택동의 생각이었다.

그러나 이때 명심해야 할 것은 '결심'이다.

'결심'이라는 말이 예스럽게 들릴 수도 있지만 이것은 생각하기 나름이다. 즉, 진실한 마음을 가지고 네트워크 비즈니스에 뛰어든 사람은 기대 이상으로 적응 속도가 빠르다.

적응 속도가 빠르다는 것은 결코 기술적인 의미가 아니다. 활동할 때 후원해주고 사람을 하나 둘 끌어 모아 줄 뿐 아니라 모집 방법까지 터득하게 만드는 것은 바로 그 사람의 진실된 마음이다.

비즈니스에 참여하려고 마음먹은 사람, 또 애용자가 되려는 사람의 차이를 정확히 파악한 다음 그에 가장 적합한 방식으로 유도한다.

이것은 어떤 의미에서는 직관력과 같은 것이며, 그 직관이 진심어린 마음에 의해 더욱 예리해지는 모습을 볼 수가 있다.

힘이라는 것은 때때로 소질에 지배를 받는다고 생각할 것이다. 그러나 순간 순간에 엿볼 수 있는 진실된 마음은 그 이상의 힘을 가지고 있다. '이끼의 굳은 마음이 바위도 뚫는다'는 옛 말은 바로 이런 경우를 말해주고 있다.

그리고 이 '결심'은 리더(업라인)의 '결심'이 거의 그대로 다운

라인 사람들에게도 반영된다. 업라인의 결심이 약한 조직은 전체적으로 그런 분위기에 지배를 당하며, 그

> '결심'은 리더(업라인)의 '결심'이 거의 그대로 다운라인 사람들에게도 반영된다. 업라인의 결심이 약한 조직은 전체적으로 그런 분위기에 지배를 당하며, 그것이 전체에 파동으로 전해진다.

것이 전체에 파동으로 전해진다. 이것이 네트워크 비즈니스가 가진 재미난 점이다.

그렇기 때문에도 리더는 자신의 '결심' 정도를 항상 일이 있을 때마다 힘 있게 표현하는 것이 중요하다. 그 힘 있는 모습에 다운라인 사람들은 안심하고, 그것이 일상 활동의 활력소가 된다.

학습면에서 생각해도 같은 말을 할 수 있다. 리더가 열심히 배우고 있는 조직은 다운라인 사람들도 역시 학습에 열심이다.

대중과 동고동락함으로써
네트워크 전체가 전진하는 힘을 얻는다

현장에 직접 가보지 않고는 최신 정보를 얻을 수 없다

네트워크 비즈니스에서 경계해야 할 것은 조직을 만든 사람이 아무 일도 하지 않게 되는 것이다.

일반적으로 네트워크 비즈니스 회사들은 그런 사태를 막기 위해, 어느 정도까지 조직을 성장시킨 사람에 대해서도 일을 하지 않을 경우에는 수입을 줄이거나 아예 끊는 시스템을 도입하고 있다. 그것은 지금까지 타 회사의 상황을 통해 실제로 그런 사람이 많다는 것이 증명되고 있기 때문이다.

'하방'이라는 말은 한때 중국의 사건을 전하는 뉴스에서 자주 등장했던 단어다. 이제 간부가 되었으니(큰 조직을 만들었으니) 별로 대단할 것도 아니며, 오히려 조직이 커지고 난 다음에 더 바쁘게 움직이고 다운라인을 보살피는데 시간을 할애하는 것이 중요하다고 말하고 있다.

중국에서는 당이나 정부 관료, 지식인과 문화인이라고 부르는 사람들이 농사를 짓거나 공장에 입소해 육체노동에 참가하는 것을 의미했었다. 이와 마찬가지로 네트워크 비즈니스의 조직을 확대시킨 사람일수록 최전선의 현장에 직접

> 네트워크 비즈니스의 조직을 확대시킨 사람일수록 최전선의 현장에 직접 뛰어들어 현장의 공기를 피부로 느낌과 동시에 실제 작업에 참여해 힘쓰는 것이 중요하다.

뛰어 들어 현장의 공기를 피부로 느낌과 동시에 실제 작업에 참여해 힘쓰는 것이 중요하다. 그것을 잊어버리면 아무래도 조직 위에 군림하며 거들먹거리게 되기 때문이다.

네트워크 비즈니스 현장은 늘 움직이고 있다. 조직이 커지면 커질수록 매일 개최되고 있는 연구회나 세미나의 수도 늘기 마련이다. 그러한 장소에 성실히 참여함으로써 보다 많은 사람을 사귈 수 있고, 그 가운데서 숨은 보석을 발굴할 수도 있다.

그러나 실제로 움직이지 않으면 다운라인을 확대시킬 수 있는 좋은 기회가 있어도 이를 활용하지 못한다. 그것은 너무나도 아까운 기회를 놓치게 되는 것이 아닐까.

그것은 다달이 회사 측에서 보내오는 자신의 성적표와 그룹의 성적표만 봐서는 결코 알 수 없다. 또한 성적표에 기록된 것은 거의 1개월에서 2개월 전의 정보가 대부분이다.

하지만 현장에 있으면 실시간에 상황을 파악할 수 있다. 1개월 전에 열심히 일했던 사람이 지금 현재도 반드시 열심히 일하고 있다고는 할 수 없다.

그 점을 생각하면 최전선 현장에 나갔을 때 좀더 최신 정보를 얻을 수 있으며, 무엇보다 현재 상황을 피부로 실감할 수 있다는 것이 가장 큰 장점이다.

단 한 마디 말에 누구든지 혁명 투사로 변할 수 있다

단지 현장에 나가더라도 그냥 형식상의 또는 일방 통행적인 말로 끝나서는 의미가 없다. 시간이 허락하는 한 주최자를 비롯하여 참가자 한 사람 한 사람과 이야기를 나누고 그들의 진심을 알아내려고 노력해야 한다.

상호 커뮤니케이션이 가능해지면 당신 자신의 결심은 상대에게 전달되며, 상대방도 그것을 느끼게 되면 의욕을 보이며 가라앉았던 마음을 다시 추스르게 된다.

모택동은 다음과 같은 말도 남겼다.

> 상호 커뮤니케이션이 가능해지면 당신 자신의 결심은 상대에게 전달되며, 상대방도 그것을 느끼게 되면 의욕을 보이며 가라앉았던 마음을 다시 추스르게 된다.

"……지식을 갖고 싶다면 현실 변혁의 실천에 참가해야 한다. 배의 맛을 알고 싶다면 배를 변혁하고 자신의 입으로 시험삼아 먹어 보는 것이다. ……혁명의 이론과 방법을 알고 싶다면 혁명에 참가해봐야 한

다. 참된 지식은 모두 직접 경험에서 얻을 수 있다"(1937년 7월)

실전적인 지식의 원천은 모두 스스로 실천하는 길밖에는 없다는 가르침이다. 리더가 된 사람 중에는 각지에서 열리는 세미나나 연구회에 강사로 초청되면 온갖 미사여구를 다 동원해 허황된 이야기만 늘어놓는 사람이 있다. 그리고 세미나나 연구회가 끝나면 모임 주최자나 일부 사람과 먹고 마시며 노래방에 몰려가서 즐기다가 끝내는 경우도 있다.

분명 이런 자리는 마음속에 있는 말들을 진심으로 털어놓을 수 있는 좋은 기회를 제공해준다. 때문에 놀고 마시며 즐기는 형식적인 자리가 되어서는 안 된다. 뭔가 건설적이고 생산적인 것을 이끌어낼 수 있는 자리가 되어야 한다. 한 사람의 인간을 소중히 여기는 일, 이것이 네트워크 비즈니스 리더의 기본 자세다.

그리고 그 한 사람의 마음에 자신의 마음을 전하는 것이다. 고작 한 사람밖에 안 된다고 무시해서는 안 된다. 어떤 큰 사업도 처음에는 단 한 명으로 시작되는 것이다.

당신의 열정적인 한 마디가 상대방의 마음에 감동을 줄 수 있다면, 그 사람은 그 순간부터 혁명 투사 즉, 네트워크 비즈니스의 주체자로 변할 것이다.

비즈니스에 참여한 사람을 잘 관찰해
양육하고 가르치는 방식을 조정

다만 문제를 주관적·일면적·표면적으로 보는 사람은 어디를 가더라도 주위 상황을 생각하지 않고, 사건의 전체(사건의 역사와 전체 상황)도 보지 않을 뿐더러, 사건의 본질(사건의 성질 및 그 일과 다른 일과의 내부적 관련)도 다루지 않고 독선적으로 호령한다. 이런 사람이 속해 있는 모임은 반드시 실패하게 되어 있다.(1937년 7월)

다른 네트워크 비즈니스에 참여한 사람도 잘 활용하라

조직을 잘 구성한 사람이 빠지기 쉬운 첫 번째 함정이, 여기서 모택동이 지적하는 주관적·일면적·표면적으로 편중되는 사고 방식이다. 자신의 성공을 너무 과신한 나머지 사물을 보는 견해가 한쪽으로 편중되어 있다.

네트워크 비즈니스에서는 자신이 해온 일이나 경험한 일, 생각해왔던 일들만 옳다고 할 수는 없다. 그야말로 무슨 일이 일어날지 모르는 것이다. 그것을 잊고 자기의 성공에 취해서 일을 일면적으로만 보고 판단을 내리는 것만큼 무서운 일은 없다.

자신이 실패하는 정도에서 끝난다면 상관없지만, 그 사람이 이끄는 조직 전체에 미치는 파급 효과가 문제이다.

일의 중대함을 파악하지 못하고 안일한 자세로 임하다가 생각하지 못한 재앙을 만나게 되는 경우는, 네트워크 비즈니스뿐 아니라 어느 비즈니스에서나 흔히 볼 수 있다. 그래서 비즈니스의 중대함을 깨닫고 다각적으로 관찰하는 안목을 키울 필요가 있다.

제품의 설명 방법이나 회사 개요에 대한 정보, 보너스 제도의 내용 등 방법은 결코 한 가지만 있는 것이 아니다. 보다 알기 쉬운 설명 방법을 생각해내는 사람도 있고, 오해를 사지 않도록 연구하는 사람도 있다. 그것은 착안점이 다르기 때문이다.

> 네트워크 비즈니스의 경우 타사의 비즈니스에 관여해본 경험을 가진 사람이 화(禍)를 초래하는 경우도 있지만, 반대로 전혀 새로운 견해나 사고방식을 제공해주는 경우도 있다.

그것을 깨닫지 못하고 자신의 행동이나 자신의 견해, 사고방식만이 옳다고 생각하고 늘 같은 패턴으로 일관하는 것은 잘못된 것이다.

게다가 네트워크 비즈니스의 경우 타사의 비즈니스에 관여해본 경험을 가진 사람도 적지 않다. 그것이 화(禍)를 초래하는 경우도 있지만, 반대로 전혀 새로운 견해나 사고방식을 제공해주는 경우도 있다.

그러한 경우에 그것을 겸허히 받아들여 자신의 방법에서 궤도를 수정할 것이 있으면 수정하고, 스스로에게 리더로서의 자질이 있는가를 묻는 것이다.

모택동은 이러한 함정에 대해서는 그야말로 집요할 정도로 많은 말을 남겼다. 예를 들어 다음의 두 가지도 그것이다.

"마르크스주의자는 문제를 볼 때 부분만이 아니라 전체까지 볼 줄 알아야 한다. 개구리가 우물 안에 있으면서 '하늘의 넓이가 우물과 같다'고 한다면 그것은 잘못된 것이다. 하늘의 넓이는 우물에 비할 것이 못되기 때문이다. 개구리가 만약 '하늘의 어느 한 부분의 넓이는 우물과 같다'고 말한다면 그것은 맞는 얘기다. 사실이기 때문이다."(1935년 12월)

"우리는 문제를 전면적으로 보는 방법을 습득해야 하고, 사물의 정면뿐 아니라 그 반대편까지 볼 줄 알아야 한다. 일정 조건하에서는 나쁜 것에서 좋은 결과가 생기기도 하고, 좋은 것에서 나쁜 결과가 초래되기도 한다."(1957년 2월)

이러한 말을 반복해서 몇 차례씩 되풀이하는 것은 똑같은 실수를 범하는 사람이 그만큼 많다는 의미일 것이며, 좀처럼 그런 좋지 않은 버릇을 버리지 못한다는 것을 의미하기도 한다.

특정인을 너무 중용하면 일 처리시 공평성을 잃는다

조직 내에서 누군가 문제를 일으켰을 경우에도, 어느 특정인의

말만 일방적으로 듣고 그대로 행동했다가는 그야말로 큰 낭패를 볼 수도 있다

문제가 발생했을 경우에는 그 당사자 모두의 의견이나 주장을 우선 다 들어본 후 어디가 어떻게 잘못되었는지, 누가 어떻게 오해하고 있는지, 실제로 누구의 잘못인지를 정확히 판단할 필요가 있다. 그렇지 않으면 공평성을 잃은 처리밖에 할 수 없다.

또한 조직을 확대시켜 나가는 작업 자체도 사실은 더할 나위 없이 번거로운 일이다. 그것은 지금이 아니면 조직을 확대할 수 없다는 생각 때문에, 누구든 오는 사람은 막지 않겠다는 자세로 한 명이라도 더 등록시키기 위해 정신이 없지만 그것 자체가 사실은 엄청난 위험 부담을 안고 있다.

그러므로 원래는 네트워크 비즈니스를 새로 시작한 사람에 대해서는 면접을 통해 차분히 이야기를 나눈 다음에 등록을 시킬 것인지 여부를 결정하는 것이 좋다.

가정적인 환경이나 경제적인 상황도 물론 중요하다. 따라서 비즈니스 회원으로 등록시키기 전에 여러 가지 상황을 잘 알아보고, 그 사람의 신상을 파악해두는 것이 위험의 상당 부분을 막을 수 있는 길이기 때문이다.

그저 '○○씨의 추천으로……'라는 말만 듣고 비즈니스에 참여시켰다가는, 어떤 문제가 발생했을 때 정확히 대처하기가 어렵다.

사람을 판단하는 것만큼 어려운 일은 없다. 여러 방면에서 다각적으로 살펴야 하기 때문이다. 이것은 더

> 문제가 발생했을 경우에는 그 당사자 모두의 의견이나 주장을 우선 다 들어본 후 어디가 어떻게 잘못되었는지, 혹은 누가 어떻게 오해하고 있는지, 또는 실제로 누구의 잘못인지를 정확히 판단할 필요가 있다.

큰 기회가 될 수도 있지만 위험 또한 매우 크다. 이 일 하나만 보더라도 리더에게는 긴장감이 요구된다는 사실을 잘 알 수 있을 것이다.

다만 냉각기(cooling-off)의 일정 기간을 두고 있어 실제로 활동하지 않을 때는 아예 활동하지 않고 그냥 쉬어도 문제가 되지 않는다.

최근에는 정기적으로 다시 등록하도록 하는 네트워크 비즈니스도 생겼기 때문에 그 점에서는 많이 개선되었다고 할 수 있다.

그렇지만 조직이 너무 커지게 되면 그런 일은 더더욱 불가능해진다. 그렇기 때문에 당신을 대신해서 그 일을 해줄 사람을 몇 명, 또는 몇십 명쯤 키워둘 필요가 있다.

맺음말

일본에서 본격적인 '네트워크 비즈니스'가 시작된 지 금년(2001년)으로 9년째가 된다. 소위 네트워크 비즈니스 자체의 효시는 물론 20여 년 전에 시작된 암웨이다. 하지만 네트워크 비즈니스라는 말이 널리 쓰이게 된 계기는 뉴스킨의 일본 진출이었다.

이 회사의 비즈니스는 매우 짧은 기간에 판매 담당자인 디스트리뷰터의 수가 폭발적으로 증가했다. 특히 젊은이들 사이에서는 이 회사의 이름을 모르는 사람이 없을 정도였다.

그리고 그 후 6년이 채 안되는 기간 동안 미국의 건강식품(영양보조식품) 분야만 해도 허버라이프, 인쉐이프, 매그너스, 뉴라이프, 로얄바디케어, 엔리치, NSA, 렉솔, 뉴웨이즈, 모린다, 마네틱 등 많은 네트워크 비즈니스 회사가 일본에 진출해(또는 예정이며) 있다.

이미 미국의 건강식품 업계에서는 '일본을 제압하는 자가 세계를 제압한다'는 말이 나올 정도이다. 분명 뉴스킨은 일본의 네트워크 비즈니스에 큰 변화를 가져다 주었다.

그 최대 이유는 네트워크 비즈니스 특유의 보너스 제도(Bonus Plan)가 선발 암웨이 등과 비교해 볼 때 혁신적인 내용이었던 것이다. 하지만 그 이후 일본에 진출한 미국의 네트워크 비즈니스의 보너스 제도는 점점 더 발전해가고 있다.

본문에서도 언급했지만, 보너스 제도의 연구는 오늘날에도 계속 진행되고 있으며, 앞으로 어떤 제도가 등장할지는 아무도 예측할 수 없다고 해도 과언이 아니다.

네트워크 비즈니스에 있어서 보너스 제도는 보다 많은 사람들을 끌어 모을 수 있는 커다란 무기임에 틀림없다.

하지만 필자가 지금까지 일관되게 주장해온 바와 같이 네트워크 비즈니스의 기본은 역시 제품에 있다. 자신들의 제품이 얼마나 타사의 유사 제품보다 우수한가이다. 이 점을 확실히 해두지 않는 한 보너스 제도가 아무리 뛰어나다 해도 그 네트워크 비즈니스는 오래 가지 못한다.

그 점에 있어서 뉴스킨 이후 각종 네트워크 비즈니스에 뛰어든 사람들 사이에는 아직 큰 오해가 존재하고 있다는 것을 말해둘 필요가 있다.

실제로 최근 들어 네트워크 비즈니스를 시작한 사람 중 대부분은 그 보너스 제도에 이끌려서 시작한 사람들이다. 그렇기 때문에 될 수 있는 한 많은 사람을, 될 수 있는 한 빠른 시일 내에 네트워크 비즈니스에 끌어들이려고 선발 디스트리뷰터가 사람을 모으는 데 혈안이 되어 있다.

이 과정에서 종종 도덕에 어긋난, 때로는 법률 위반에 가까운 행위가 버젓이 통용되고 있다. 하지만 이런 방법으로는 기존의 유통 방식보다 합법적인 유통 방식을 지향하면서 탄생된 네트워크 비즈니스가 단순한 머니게임으로 전락해버릴 우려가 있다.

그렇지 않아도 네트워크 비즈니스에 대한 신뢰가 아직 충분히 확립되지 않은 일본에서 이러한 일은 결코 플러스 요인으로 작용할 수 없다. 그런 가운데 기존의 네트워크 비즈니스와는 전혀 상관없이, 이 곳에 와서 처음으로 네트워크 비즈니스에 뛰어들게 된 사람도 적지 않다.

　더구나 일본은 불경기가 계속되는 상황이어서 회사를 그만두거나, 어쩔 수 없이 회사를 잃는 사람들이 급증하고 있다. 그런 사람들에게 있어서 네트워크 비즈니스는 마치 지옥에서 부처를 만난 것과 같은 심정일 것이다.

　그러나 사실은 거기에 큰 함정이 있다. 네트워크 비즈니스를 처음 경험한 한 디스트리뷰터는 연구회나 세미나 자리에서 항상 이렇게 말한다.

　"네트워크 비즈니스는 결코 짧은 기간에 돈을 벌 수 있는 것이 아닙니다. 말하고 움직이고 땀을 흘린 양 이외에는 절대 수입으로 이어지지 않습니다."

　이것이 바로 정론(正論)이자 네트워크 비즈니스의 실상이다. 즉, 그 모습은 모두 달라도 본질은 기존의 비즈니스와 조금도 다르지 않다는 얘기다. '불로소득'이나 '굴러온 호박' 같은 것은 절대 없다.

　필자가 1998년 가을에 〈이와나카 네트워크 비즈니스 연구소〉를 차린 것도 그런 사정이 있어서다. 필자의 저서를 읽은 것이 계기가 되어 네트워크 비즈니스를 시작했지만, 도무지 잘 되지가 않는다며 상담을 요청하는 사람들이 끊이지 않았던 것이다.

　그리고 그런 사람들 대다수가 네트워크 비즈니스를 짧은 기간에 많은 수익을 올릴 수 있는 비즈니스로 생각하고 있었다.

　네트워크 비즈니스하면 최근에 누군가가 미국에서 들여온 새로운 비즈니스라고 생각한다. 그러나 미국의 방식을 모두 그대로 이식하려 해도 현실적으로 잘 되지 않는다. 동양인에게 맞는 특유의 발상, 행동 양식을 무시하고는 결코 비즈니스는 성공할 수 없다.

그렇다면 동양인의 풍토에 맞는 비즈니스는 어떤 것인지 생각해봤을 때, 그 힌트는 의외로 매우 가까운 곳 바로 이웃나라 중국에 있었다. 중국의 4000년 역사를 돌이켜봤을 때 거대한 수의 사람을 하나의 사상으로 묶는 데 성공한 것은 단 한 사람밖에 없다. 그 사람이 바로 모택동이다.

그 말은 본문에서 구체적으로 해설한 바와 같지만, 『모택동 어록』은 네트워크 비즈니스에 진심으로 뛰어들고자 하는 사람에게는 모두 주옥과 같은 말로 가득차 있다.

이 책은 그러한 모택동의 말을 가능하면 많이 인용하여, 거기에 네트워크 비즈니스에서 승리하기 위한 '법칙'을 발견하여 필자 나름대로 해설을 덧붙인 것이다.

어떤 말도 그날 그때에 맞게 도움이 되는 것뿐이어서 읽는 순간 마음이 편해지면서 곧바로 실천에 옮겨보고 싶다는 생각이 들게 만든다.

모택동의 말에서 모택동 자신도 좌우명으로 삼고 있는 것 중 하나가 바로 다음과 같은 말이다.

"용감히 싸우고, 희생을 두려워하지 말며, 피로를 두려워하지 말고, 끝까지 싸우는(짧은 기간에 쉼 없이 계속해서 여러 전투에 참여하는 것) 일의 방식을 선양하라."

어떤 비즈니스에나 적용되는 말이지만 네트워크 비즈니스에 있어서도 이 말이야말로 성공과 승리의 원점이 아닌가 하는 생각을 해본다.

여러분의 원대한 성공과 발전을 기원하면서……

저자

• 지은이 ─ 이와나미 요시후미(岩中祥史)
1950년 출생. 나고야 메와 고등학교에서 도쿄대학 문학부에 입학했다.
출판사 근무를 거쳐, 현재는 편집기획회사 (주)에디트 하우스 대표이사로 있다.
지은 책으로, 『네트워크 비즈니스 시대 뉴스킨의 도전』, 『네트워크 비즈니스
승리의 방정식』, 『뉴스킨과 암웨이 대 렉솔』, 『나고야의 작법』, 『나고야 학(學)』
등 다수가 있다.

• 옮긴이 ─ 김욱송
리쿄대학 경영학부를 거쳐 SANNO대학원에서 정보마케팅을 전공했다.
일본 통산성 주최 정보처리 제1종과 중소기업진단사 자격증을 취득하였고,
도쿄에 현지 법인을 설립하여 무역과 넷비즈니스를 하다 귀국했다.
번역한 책으로는 『e비즈니스』, 『비즈니스 모델 특허 전략』, 『래리엘리슨과
오라클 신화』, 『소니제국의 마케팅』, 『정통 손금사전』 외 다수가 있다.
현재 'AUSOME, INC.' 대표이사로 있으며, 국내 인터넷 비즈니스업체
자문활동을 하고 있다.

CEO, 모택동의 네트워크 비즈니스 리더십

제1판 제1쇄 찍음   2001년 9월 15일
제1판 제1쇄 펴냄   2001년 9월 20일

지은이   이와나미 요시후미
옮긴이   김욱송
펴낸이   이영희
펴낸곳   이미지북

등록번호   제2-2795호(1999. 4. 10)
주   소   148-842, 서울특별시 광진구 노유1동 238-7
대표전화   483-7025,   팩시밀리 483-3213
E-mail ibook99@chollian.net / ibook99@korea.com

ISBN 89-89224-03-9   03320

*잘못된 책은 바꿔드립니다. 책값은 뒤표지에 있습니다.

e비즈니스 경영

딜로이트 토마츠 컨설팅
딜로이트 컨설팅 코리아 옮김
• 값 12,000원

딜로이트 컨설팅이 제시하는 e비즈니스 경영 전략의 결정판!

새로운 e비즈니스 모델 창출의 필요성을 느끼는 기업인들에게는 '경영 관점에서의 길잡이가, 그리고 e비즈니스에 흥미를 갖고 있는 모든 사람들에게는 e비즈니스 전반에 대한 이해와 동시에 넓은 시각을 제공해준다.

1부에서는 e비즈니스 시장 전략에 관한 핵심 이슈들을 다루고 있다. 정보 통신 혁명과 커머스 언번들링, 이에 따른 검색, 배송, 보증, 금융의 부가가치, CRM과 SCM 전략과 역할, 고객 신뢰의 문제, e비즈니스 금융 및 e비즈니스가 소비재 산업에 미치는 영향을 다루고 있다.

2부에서는 e비즈니스의 경영 기반을 다룬 조직 전략과 리더십, e비즈니스 인사 전략, 평가 시스템 및 급여 제도, 버추얼 HR이라는 새로운 인사 시스템, e비즈니스 기업의 재무 전략, 세무 전략, 정보 시스템 전략과 비즈니스 모델 특허의 중요성과 함께 각국의 특허 제도를 소개한다.

주요내용

제1부 e비즈니스의 시장 전략
제1장 정보 통신 혁명과 커머스 언번들링
제2장 '검색'—e비즈니스와 CRM
제3장 '배송'—e비즈니스와 SCM의 역할
제4장 '보증'—e비즈니스와 고객의 신뢰
제5장 '금융'—e비즈니스와 돈
제6장 e비즈니스가 소비재 산업에 미치는 영향

제2부 e비즈니스 경영 기반
제7장 조직 전략과 리더십
제8장 인사 전략
제9장 HRIS에서 버추얼HR로
제10장 재무 전략
제11장 세무 전략
제12장 정보 시스템 전략
제13장 e비즈니스 모델 특허
e비즈니스 경영 전략 체크 리스트

이미지북

*e*비즈니스

아더앤더슨/아더앤더슨코리아 옮김

● 값 10,000원

● 제1장에서는 'e비즈니스란 무엇인가'의 정의를 소개한 다음, e비즈니스의 역사와 실태를 정리하고 그 배경이 되는 패러다임의 변화에 대해 설명한다.

● 제2장에서는 'e비즈니스가 기존 비즈니스에 어떤 영향을 미쳤으며, 어떤 비즈니스 모델을 만들어내고 있는지 살펴본다.

● 제3장에서는 e비즈니스의 전략 구축의 실제에 대해 아더앤더슨의 접근 방법과 수단, 전략 구축시 파악해야 될 요점 등을 소개한다.

● 제4장에서는 e비즈니스를 구체적으로 진행시키는 데 유의해야 할 리스크, 특히 정보 시스템 리스크를 중심으로 해설한다.

● 제5장에서는 e비즈니스에서의 세무 · 법무에 관해 고려해야 할 중요 사항과 정비되고 있는 실태를 해설한다.

e비즈니스 전문 컨설팅회사 아더앤더슨이 정의하는—

e비즈니스 전략 · 모델 · 세무 · 법무!

주 요 내 용

제1장 e비즈니스란 무엇인가?

제2장 e비즈니스가 기존 비즈니스에 미치는 영향

제3장 e비즈니스 전략 구축의 실제

제4장 정보 시스템의 리스크 관리

제5장 e비즈니스에 관련된 세무와 법무

이미지북